経営学史学会編

〔第九輯〕

ＩＴ革命と経営理論

文眞堂

巻頭の言　文明の転換と経営学――テイラーからＩＴへ――

経営学史学会理事長　村　田　晴　夫

経営学百年の歴史は大きな意義を持っている。それはテイラーに始まり、二十世紀の文明をリードした企業経営の歴史とともにある。そして文明の転換期にあるいま、経営学のフロンティアは目覚しい広がりを見せつつある。「来たりつつある文明」は情報によって開かれる文明であり、グローバリゼーションとともに浸透して行く。ＩＴ（情報通信技術）はまさにこの両者をつなぐ架け橋となるところの技術革新である。

情報が注目を集めるようになったのは二十世紀の半ば頃である。ノイマンによるコンピュータ原理の確立があり、ウィーナーはサイバネティクスを提唱し、シャノンによる情報理論が登場してきた。さらにはワトソン－クリックによって遺伝子ＤＮＡモデルが提起され、その後の遺伝情報の研究と技術の隆盛があった。これらは一九四〇年代から五〇年代にかけてのことであり、第二次大戦後の新しい時代の予感をもたらしていたのである。しかしなお、ＩＴが登場し、それがもたらす革新があってようやくわれわれの目に情報文明の時代への移り行きが見えてきたというべきであり、それ以前の文明史にはその根底においてテイラーの存在が読み取れるというべきではなかろうか。

文明とは人為性に基づけられた人間生活のあり方全体を意味する。それはその芯になる心によって支えられていなければならない。文明の中の心、それが文化である。そして文化価値の生活的具現形式が倫理である。経営学はその出発点において、文明論的先取の宿命を引き受けていた。すなわち、テイラーによってもたらされた管理方式は二十世紀文明を象徴するものとなったが、その根底には絶えず「人間」の問題があったのである。

そしてまた、環境問題に象徴される負の側面にたいする「問い」がわれわれの前にある。二十世紀の企業文明の光と影を見なければならない。

「来たりつつある文明」は一段と新しい競争原理を据えてくるであろう。そのとき、新しい文明の競争原理は、新しい文化価値の倫理によって伴われていなければならない。それが経営学に求められる課題であるだろう。管理は倫理を含むものなのであり、「管理から倫理へ」とすすまなければならないのではなかろうか。

世界に絶対的完全なるものはない。具体的存在者とそれによって作られるシステムはいかなるものも不完全なのである。人間と人間の文明は高度に発達したシステム存在であるが、なお不完全であり続ける。しかし、それだからこそ人間は前にすすむことができるのである。そうして、人間が絶えざる道程におかれた存在であるかぎり、その自由と責任において、真理と福祉を探求し、運命を切り拓くことができるのである。人間のおかれた道程、これを見失うことが人間の最大の迷いであり、罪である。

テイラーからＩＴへ、経営と文明を象徴するキーワードは移り行くかもしれない。経営学はいかに革新されるべきであろうか。その「問い」はまた次へと持ちつづけられ、問い続けられるであろう。そのとき、その問いに真摯に立ち向かって行く心こそ持続され、受け継がれなければならないのである。

目　次

Ⅱ　論　攷 …… 99

Ⅲ　文　献

Ⅰ　テイラーからＩＴへ——経営理論の発展か、転換か——

一　序説　テイラーからITへ
――経営理論の発展か転換か――

稲葉元吉

一　本稿の課題

統一論題「テイラーからITへ――経営理論の発展か転換か――」について、若干の解説を行なうこと、これが本稿の目的である。

「テイラーからITへ」というタイトルには、私自身ある種戸惑いを感じないわけではない。思うにその主たる理由は、経営学説史上に燦然と輝く巨人テイラー（F. W. Taylor）という、極めて明白かつ具体的な人物名が、一方の極に置かれているその対極に、IT（情報通信技術）という、いわば境界さえはっきりしない広漠たる抽象的な事象概念が、置かれているからであると推測される。今大会に掲げられたこのタイトルは、ある意味で、この課題に取り組むことの難しさを表わしているのかもしれない。しかし、あらためて現在の産業界のあるいは一般社会の状況をみる限り、ITの凄まじいまでの進展ぶりは、これを無視して企業経営の現実を、また経営理論の展開を論ずるわけにはゆかない。このようなことから、テイラーとITの両者の関連を念頭に置きつつ、かつ現実の動きと学説の流れを両睨みしながら、副題に示された課題の意味に論及し、もって統一論題への一つの序説としたい。

二　テイラーのマネジメント論

さて経営学の発展の出発点に、テイラーの名を置くことは、既にいわば通説ともなっている。彼は、論理的かつ検証可能な根拠の上にすなわち科学的な根拠の上に、経営管理（management）問題の解決を図った、最初の人物であった。もちろん、経営学の発展の起点が彼だけにあったわけではないが、彼が生み出したテイラー・システム（Taylor system）、テイラリズム（Taylorism）は、彼が経営学の父と呼ばれるにふさわしい内容をもつものであった。かくしてわれわれは、彼の名を、経営学の土台を据えたいわばシンボル的存在として、見做すことができる。

テイラーの研究業績については、ここにその詳細を繰り返す必要もないが、ごく概略を示せば次のようになるものと考えられる。すなわちマネジメントの科学は、目標と目標達成の方法との関連において、理解されなければならない。そしてこの場合の目標として、彼が掲げたものは、「高賃金・低生産費」であり、またこの目標を達成する方法として、彼が提唱したものが課業研究、職能的組織、賃率別出来高給の三つであった。

まず、それまで従業員の個人的な生産意欲に左右されていた一日の仕事の達成量を、科学的な分析にもとずいて決められた規範的仕事量（＝課業）に代えることにより、業務遂行の合理化をはかるとともに、職長や従業員が、各自に割り当てられた課業を達成しうるよう工場の組織を、従来の直系的（line）組織から、彼のいう職能的（functional）組織に改編することを提案した。そしてこのように業務遂行の基準と条件とを整えたうえでさらに、課業を達成した者には高い賃率が、またそれを達成しえない者には低い賃率が適用されるという論旨であった。

テイラーは、産業能率の改善に科学の応用を期待していたため、この種の生産性問題の解決策として、科学的アプローチを提唱したが、その際彼は、科学的管理のメカニズムあるいは技術が、その底にある哲学あるいは思想と区別されるべきことを、主張した。この場合、哲学とは、データの収集、因果関係の理解、およびこれらを通じて得られた知識を経営の具体的な問題に適用する、そういった科学的な態度のことであり、またメカニズムとは、既に述べた課業研究、職能的組織、賃率別出来高給制といった、管理のための技術を指している。このうち前者の科学的態度は、経営学の科学化に時代をこえて大きな影響を及ぼした。

さていわゆるテイラリズムとは、体系的管理（systematic management）の一形態であるが、その主たる目的は、仕事の組織にくわえられる従業員からの制約を排除することにあった。仕事をいかに行なうかに関する思考を、実際に仕事を行なう作業から切り離すこと、ここにテイラリズムの核心がある。そしてこのことは、当時としてはきわめてラジカル（radical）なイノベーションであった。なぜなら、十九世紀末の製造現場はクラフツマン（craftsmen）によって組織されまた実質上かれらによって運営されていて、テイラーによる新しい考え方は、この慣行への直接的な挑戦を意味していたからである。つまり科学的管理法は、伝統的な職場制度に代えて、近代的な工場制度の基盤を築いたからにほかならない。かくして「管理（management）」は、「所有（ownership）」とも「作業（operation）」とも区別された独自の活動となる。

仕事を合理的に根拠づけるというテイラーの思想は、アメリカのみならず世界各国の産業界に大きな影響を与えたが、最も強い衝撃を与えたのは、ほかならぬアメリカ自身に対してであった。テイラーの思想は例えばフォード（Ford）社にも影響を与えることになったが、その結果は、ハイランド・パーク（Highland Park）工場における大量生産技術の興隆であった。しかしフォード社の革新は、テイラーの革新と同じではない。テイラーは、当時の技術水準を前提に、労働からのより高い生産性の獲得を意図していたが、フォードは、技術を労働過程の機械化に用いることによって、労働そのものを排除しようとしていたからである。移動組立ラインに表現されるフォード・システム（Ford system）は、労働に対する機械の優位を示すものであり、かくしてそれは、仕事の組織化の面でさらには近代産業の展開の面で、テイラーを一段超えるものとなったからである。

三　ＩＴ（情報技術）の概念

テイラーを対象に議論するのに対し、今大会のテーマのもう一方の極である、ＩＴを論ずることには、多くの困難がある。既に触れたようにそれは、特定の人物に表現されるような内容でもなく、とくに事態が確定している過去の事柄でもないからである。ＩＴは概念の統一すら容易でない言葉であり、またそれは現在生成発展しつつあり、今後どう展開するかも明らかでない対象であるからである。これに関連して、例えばＯＡ学会の最新号に「ＩＴ革命」の特集が組まれていたが、そこでもＩＴの概念は、論者により十人十色であったことは、印象的であり興味深い。

ＩＴの定義は論者によりさまざまであるが、ここではとりあえず次のように考えておきたい。すなわちそれは、電子的な形態で情報を処理し蓄積し伝達するために用いられる、技術の総称である、と。ここで、上述した目的のために使用される物的装置は、主としてコンピュータと通信機器であり、また情報システムは、情報を処理あるいは伝達する、秩序づけられた手続きの実施機構であり、さらにまた情報は、ある状態や出来事について、不確実性を減少させるのに役立つものを、意味している。

ＩＴは、いうまでもなく、人間や組織が利用するものとして、いいかえればそれらと一体となった形で用いられるが、ITのそもそもの基礎づけをした理論的な研究は、企業経営とは直接には関係のない、自然科学の分野で登場した。Information, communication, control, computability 等がその主要概念であり、またこれらを生み出した偉大な頭脳はシャノン（C. Shannon）、ウィーナー（N. Wiener）、チューリング（A. Turing）、等であった。これら初期の情報通信の理論家たちは、現代の社会を大きく変えるいわば知の革命家であった。現在のコンピュータは、Turing machine の部分的な実現であると言われているように、技術が理論に追いつかない面は多々あるものの、ITの進歩は急速で、技術進歩のたびに社会への応用範囲も拡大した。データベース、ネットワーク、マルチメディア等の言葉で表現されたテクノロジーが、とくに一九八〇年代以降つぎつぎと開発されたからである。

企業活動に情報通信技術が用いられるようになったのは、その技術の開発当初からであったが、コンピュータの利用から始まった経営情報システムは、初期段階では、企業経営の現実に応用しうる基本的な概念枠組みを欠いていた。そのため、情報システム投資から齎らされる成果には、期待外れの場合が多かった。このような中で一つの転機を与えたのは、モートン（M. S. Morton）であった。彼は、アンソニー（R. Anthony）の区分による strategic planning, management control, operational control の概念とサイモン（H. Simon）の区分による programmed decision, non-programmed decision の概念を組み合わせ、情報システムを企業に活用するのに適した思考の枠組みを提案した。

情報システムは一般に Transaction system, Decision system, Communication system の三者に区分されるが、これらはそれぞれ、モートンがコンピュータの経営意思決定への利用に重要な示唆を与えて以来、技術的あるいは社会基盤的に長足の進歩を遂げた。すでに述べた world-wide な computer networking, machine readable な大容量の database、文字・音声・画像などを処理する multimedia（personal）computer 等が、その具体的な諸側面にほかならない。このような動きは、個人や組織に、企業でのIT利用をいっそう促進させ、もってさらにITの新たな利用方法を開拓させることになった。それぞれ別の場所にいる個人が、情報を共有すべく互いにコミュニケートする必要が生じた場合、インターネットを通じ調整が果たされるいわゆるGroupware、企業提携を形成しまたVirtual organization生成の要因ともなる電子通信システムのInterorganizational systemなどが、その顕著な例である。

テイラーの時間動作研究は、従来の伝統的な原価計算の重要な基盤であったが、昨今ではITの発展を基礎に、ABC（Activity Based Costing）会計の利用を可能にしている。また、かつて従業員に対する課業として遂行されてきた現場での労働は、今では大幅に機械とコンピュータの複合体に置き代えられている。さらには、これまで同じ場所にいなければ協働さえできなかった仕事が、現在では三次元の設計図など、国境を越えて自由にやりとりすることを可能にしている。

ITは企業活動の迅速化をもたらし、またそれに柔軟性を与える。それは知識の新たな組合せを通じ、創造性をたかめる。しかしそれと同時に、瞬時に動く投資資金が会社を破壊に導くこともあれば、自社のホームページの内容が外部から書き変えられることもある。

このようにして企業をとりまく現実は、テイラーの時代とは、その様相を一変させている。それでは、このような時代的変化は、経営理論の史的展開にどのようなかかわりをもつのか、次にこの点を検討してみることにしたい。

四　テイラーの遺産

さてテイラーはみずからの研究成果を、いまでは古典とよばれる著作に結集させたが、その功績は、工場というわば財生産の拠点で、能率向上の鍵を見出した点にある。二十世紀は、物質文明の側面からみれば、人間が初めて「豊かな社会」を実現した、記念すべき百年であった。このような現実を享受できたのは、地球人口の一部に限られているとはいえ、ともかくその現実をつくりだした事実は、これを否定することはできない。分業と協働の原理、企業制度と工場の発達、科学技術の進歩など、豊かな社会への離陸の条件は、当時までにすでにある意味でととのえられてはいたが、そのような動きのなかで、現場レベルでそれへの具体化の技法と思想とを、誰の目にも明らかなように示したその意味は、いわばとめどもなく大きいといわなければならない。今大会のテーマ「テイラーからＩＴへ」の趣旨説明のなかに、「二十世紀の経営学を振り返って展望することは、二十世紀の文明を展望することにつながるでありますでしょうし、その根底にテイラーの存在を読みとることができるでありましょう」と記されているのも、二十世紀に先進国でようやく到達した、物質的に豊かな社会―それは人類がはるか昔から求めてやまなかったものにほかならないのであるが―その礎石のしかも重要な一つを置いたのが、テイラーであったといいうるのである。

二十世紀は技術の時代、大戦争の時代、イデオロギーの時代等々いろいろにいわれてきた。しかしそれと同時に経済の時代であり、その中心に「企業」の存在がある。そしてこの企業の中心に工場の存在がある。人間の労働力が、工場活動の基本要素であった当時の産業界において、従業員の協働の能率を高めるべく設定された工場管理の理法は、テイラーに表徴される科学的管理法の名をもって、やがて世界に静かなインパクトを与えていく。

彼の著作が、自国に対してだけではなく、フランス、日本、ロシアをはじめ多くの国々に紹介され、実際に利用されていったからである。

それでは、このような産業界への影響とは別に、テイラー学説が後世に残した、学史的意味はどこにあったのであろうか。

彼の学説の最大の貢献は、論者によって若干の異論はあるものの、基本的には、経営（management）学という研究分野を確立したところにあることは、改めて繰り返すまでもないであろう。周知のように彼の学説は、後に続く数多くの研究者に、いわば乗り越えるべき壁として機能し、新しい学説展開へのきっかけを、与えつづけてきた点にある。「経営管理理論」が、テイラーの直接の後継学問になったのは勿論のこと、たとえば動作・時間研究から発達した「経営工学」、作業能率規定要因の検討をきっかけに〈奇妙な事実〉をひきだした「産業心理学」、計画概念をとりいれ発展していった「行政学」、唯一最善の方法（the best way）を批判し条件適合を主張した「組織論」等々が、その具体例である。

さてそれを継承するにせよ批判するにせよ、テイラーの研究をきっかけに発展しはじめた経営（management）学は、彼の登場以降、アメリカを中心に二十世紀を通じ、基本的には次のような経過を辿ったと思われる。すなわち、

(1)　古典派的経営学：(代表者）テイラー（F. Taylor)、ファヨール（H. Fayol)
(2)　集団論的経営学：(代表者）メイヨー（E. Mayo)、レスリスバーガー(F. Roethlisberger)、リカート(R. Likert)
(3)　組織論的経営学：(代表者）バーナード（C. Barnard)、サイモン（H. Simon)
(4)　環境論的経営学：(代表者）ローレンス＝ローシュ（P. Lawrence and J. Lorsch)、フェファー＝サラン

シック（J. Pfeffer and G. Salancik）

(5) 戦略論的経営学：（代表者）チャンドラー（A. Chandler Jr.）、アンゾフ（I. Ansoff）、ポーター（M. Porter）

である〔これらの展開過程については、拙稿（一九九〇年）を参照〕。この極度に単純化された学説史的流れのなかで、とくにＩＴに関連する側面から経営学説の展開をみると、どのような動きが見出されるのであろうか。

五　経営学説と情報論

ＩＴに関する議論のなかで、情報通信技術の基礎を提供した初期の理論家たちが、情報（information）、通信（communication）、制御（control）等一連の重要概念を、経営学とは離れたところで開拓したことを既に述べたが、あらためて振り返ってみると、そのような概念は実はかなり広く見出されていて、なにも自然科学的・理工学的な世界に限られるものではないようにも思われる。事実、経営学の分野でも、企業の管理活動のなかに、それらとほぼ同じ意味内容をもつものが、少なからず存在する。例えばファヨール（Fayol）を起点として発展したマネジメント・サイクルの発想は、その考え方の根底において、サイバネティクスにおけるウィーナーの制御の概念に著しく近いばかりでなく、サイモンの描いた思考や意思決定についての心理学的基礎仮定（psychological postulate）の概念も、チューリングの計算機概念に近い。もちろん、自然科学分野で発展してきた基礎理論が、社会科学で取り上げるものとは、その基底性・普遍性・厳密性等々いろいろな面で次元を異にしている点で大いに留意しなければならないが、その上でなお経営理論のなかに、情報理論につながる連結環を広く見出すことができる。

企業の場にいる人間は、地位・役割を問わず、だれも意思決定し行為し伝達することを避けるわけにはゆかない。そしてこれら三つの側面のいずれもが、一般的な意味での情報や通信の概念と不可分のかかわりをもっている。しかし、電子形態で処理される情報処理技術すなわちITを、情報システムのハード・ソフト両面での技術的な解説レベルを超えて、経営管理活動そのものとの関連のもとに考察したのは、サイモンがほぼ最初であるということができよう。経営における意思決定の重要性をはじめて見出したのはバーナード（C. Barnard）であったが、彼の活躍した時代は、まだコンピュータを利用した情報システムは、企業の場に現われていなかった。サイモンはコンピュータにかかわる以前に、人間の意思決定過程を中核に据えた組織理論——それは組織を、意思決定と情報伝達のシステムとみるものであるが——を展開し、もって経営学の革新を行なったが、その時かれは、テイラーが仕事につながる具体的な行為を主に取り上げたのに対し、行為に先立つ心理的な意思決定を論ずることにより、後の情報科学の進歩に結びつくいわば至近距離にいたのである。自然科学における情報の基礎理論や情報技術に、人間の思考や意思決定をどう対応させるかについては、もちろん大きな知の飛躍を必要としたが、彼は一種の天才的な着想をもって、その対応・連結を実現させた。彼の業績が、「情報処理理論的アプローチ」の名をもって、心理学界に革命を起したことは、既に周知のところであろう（チユーリング賞、心理学特別貢献賞）。

生涯の前半期に『Administrative Behavior』を発表し、経営学者としての地位を確立していたサイモンは、electronic digital computer の発展とともに、しだいに経営学よりも心理学に関心を集め、以後コンピュータとかかわりをもちながら、「知」の研究に進むことになる。そしてそこで得られた知見をもとに、企業の情報システムの構築に向けて、示唆に富む基本的な指針を提案した。たとえば経営情報システムは、企業活動のニーズに合わせて構築されるべきであって、その逆であるべきでないと述べると共に、そのためには、企業の構成員がそれぞれどのような仕事に従事し、その仕事に必要な意思決定の種類がいかなるものであり、またその意思決定にコンピュータを中心とする情報システムがどう利用されるか、を明らかにしたのである。これらの主張の裏付けに、『Human Problem Solving』をはじめとする、心理学の分野で彼自身が創り出した情報処理的アプローチからの、多量の研究成果があることは言う迄もない。彼の業績は、前述のように、例えば一方でモートンの枠組みを通じDSSの発展に貢献すると同時に、他方でサイアート（R. Cyert）とマーチ（J. March）らの業績を通じ企業行動の解析に新たな道を開いたことなど、周知の事柄である。しかしサイモンの情報通信にかかわる研究は、ほとんど基礎的な側面に限られている。彼の知的関心は、常に根本的なものに向けられていたからであろう。

さて一九八〇年代以降、ＩＴの世界は激しい変化の時を迎えることとなった。コンピュータと通信システムが結合し、情報ネットワークが普及したからである。その結果、経営活動に関し、つぎのような事態を生じさせた。

㈠　情報活動における距離空間の克服

㈡　情報活動における速度限界の克服

㈢　情報の広範な同時共有

㈣　組織編成、組織間編成の新展開

㈤　情報受発信の双方向化

㈥　情報ネットワーク基盤経営の成立

これらはいずれも、新しく開発された情報通信技術が、企業活動を従来よりも飛躍的に高度化させる結果を導いたのである。これら諸項目はいずれもかなり抽象的であるが、それを補うべく以下㈥の具体例を示しておきたい。

たとえば金型商社Ｍ（ミスミ）は、「販売代理業から購買代理業へ」の転換を目指して、独自の情報ネットワークをつくった。core businessを「金型部品の企画・設計」に限定し、それ以外（生産、販売、物流など）の業務

について は、資源も情報も業務提携によって調達する、いわば「持たざる経営」を行なっている。この場合同社の情報ネットワークは、顧客と生産者に対し、「関係の構築」という価値を提供する事業基盤となっている。すなわち顧客が少量の特注品を注文すれば、金型部品メーカーのコストは当然に高くなる。このような時、M社の企画・設計によるカタログを通じ、ある程度「標準品」化すれば、顧客と生産者の双方に対し、「安さ」と「速さ」といった新しい価値を付け加えることができる。このようにして同社は、従来の主力事業たる金型用部品・FA部品にくわえ医療用品、業務用食材などの事業に進出した。情報ネットワークという事業基盤が確立すれば、そこで取り扱われる財・サービスは、極端にいえば何にでも適用が可能なのである。

企業はこれまで基本的に、財務・生産・販売といったいわゆる「企業諸機能」を、自社のなかに取り揃えもっていた。しかし、リアルタイム情報システムが構築され、コミュニケーション問題が大幅に解決されると、他企業との戦略的・業務的提携を通じて資源や情報を獲得する、ヴァーチャル化した企業が現れるにいたる。そしてこの後者の型の企業の経営管理は、いままで見慣れてきた前者の型のそれとは、性格を著しく異にする。かくして情報システムの新しい展開は、今後の経営管理の理論と実践に多大な影響を与える。

六　経営学の発展か転換か

このような現在の動き（＝ＩＴが生みだす経営管理面へのインパクト）は、経営理論に大きな転換をもたらすのであろうか。この問題を考察するには、予めなお二つの点を、すなわちここで筆者なりに「経営理論」という言葉でどのような事を指し、またその「転換」という言葉でどのような事を意味しているのかという点を明らかにしておかなければならない。しかし、ＩＴと経営学との関連を論ずる場合、「情報システム論」と称される研究分野をどう考えるか、また「経営情報システム論」についてはどう考えるかが、まず問題になりうるので、この点に一言触れておかなければならない。前者は、いろいろな学問領域を横断する著しく基礎的な側面を取り上げているため、そこまで広く深い分野を経営理論の中に含めることは適当であるとは思えないと同時に、後者すなわち経営情報システム論については、企業あるいは社会における経営管理活動への情報システムの適用を取り上げているので、これは経営理論の中の一部（＝各論）と解してよいと思われる。しかしこの分野は、経営理論のうちの一つの各論ではあっても、経営学史的にはまだ経営学の中心には位置づけられていないとみるのが妥当であろう。それでは経営学の経営理論の最も中心的な内容は、学説史的にいったい何であったのか。

ところで領域別の各論は別にして、経営学は一般にあるいは主として、企業（営利を目的に商品生産する組織）または会社（営利を目的とする社団法人）を研究するものとして展開されてきたが、このような研究対象の本性に応じ、その内容は相互に異質な二つの流れに分かれて発展してきた。すなわち価値循環的側面を中心とする経営理論（例えば、ディーン（J. Dean））と、人間組織的側面を中心とする経営理論（例えば、バーナード）とである。このような史的経緯がみられたのは、それぞれに、企業あるいは会社が同時併存的にもつ二つの要素のいずれか一方をとくに重視しながら、理論形成を行なってきたからにほかならない。（なお、これら二つの流れは相互に異なるとはいえ、無関係であるというわけでは勿論ない。）そして今回のテーマが、このうちとりわけ後者の理論系譜に属することは明らかである。ＩＴが直接かつ深くかかわるのは、貨幣ではなく人間であり組織であるからである。

それではＩＴは、これら経営理論の流れの方向を変えるほど本質的な転換を迫るものなのであろうか。ＩＴは一方で、ＦＡ・ＯＡを推し進め、本来なら人間が担うべき仕事を機械に大きく置き代えつつある。また他方で、オーソリティ関係を形成しなければ調整できなかった協働が、音声や画像ばかりではなく匂いさえ伝送できる情報技術により、組織の境界をこえた協働に置き代えられつつある。これらの結果、あるいは組織を主内容とする経営理論の基盤をゆるがすかもしれない。しかしそれでもなおＩＴが、いままでの経営学の基礎的な流れを変える程、換言すれば「価値循環パラダイム」や「人間組織パラダイム」とは別の、第三の思考の枠組みを与える程に、強力なモーメントになりうるか否か（かくして筆者が考えている「転換」なる用語の意味は、価値循環パラダイムや人間組織パラダイムを超える、第三のパラダイムを、ＩＴが生みだせるか否かにより定められる概念であり、これをもって経営理論に転換が行われるか否かを判定しようとするものである）、各論者によりその見通しや見解は分かれるところであろう。またその際の見通しや見解は、「経営理論」や「転換」といった言葉の定義のしかたにも左右される。これを含めいろいろな角度から、今後の経営理論が、過去を継承し発展するのか、それとも過去と断絶し転換するのか、この点を検討すること、それが今回の経営学史学会のいわば中心課題なのである。（なお筆者自身は、個人的に、「発展」派の考え方に属している。）

本格的な情報社会を迎え、経営管理の現実も激しく動いている今日、この重要課題に取り組む本大会の成果が大いに楽しみである。

文献

Anthony, R., *Planning and Control Systems*, Harvard Univ., 1965.
バーナード・C・I、山本・田杉・飯野訳『新訳　経営者の役割』ダイヤモンド社、一九六八年。
Cyert, R. and J. March, *A Behavioral Theory of the Firm*, Prentice-Hall, 1963.
Dean, J., *Managerial Economics*, Prentice-Hall, 1951.
Forrester, J., *Industrial Dynamics*, MIT Press, 1961.
稲葉元吉「管理論の発展」、『新版　経営学（2）』有斐閣、一九九〇年。
稲葉元吉『コーポレート・ダイナミックス』白桃書房、二〇〇〇年。
岸川善光『経営管理入門』、同文舘、一九九九年。

Lucas, H. C., Jr., *Information Technology for Management* (*Sixth Edition*), McGraw-Hill, 1997.
Martin, J., *An Information Systems Manifesto*, Prentice-Hall, 1984.
Morton, M. S., *Management Decisions Systems*, Harvard Univ., 1971.
von Neumann, J., "The General and Logical Theory of Automata," *Cerebral Mechanism in Behavior*, John Wiley, 1951.
Rockart, J. and C. Bullen, *The Rise of Managerial Computing*, Dow Jones-Irwin, 1986.
Shannon, C. and W. Weaver, *Mathematical Theory of Communication*, Univ. of Illinois Press, 1949.
Simon, H., *Human Problem Solving*, Prentice-Hall, 1972.
Simon, H., *New Science of Management Decision* (*Revised Ed.*), Prentice-Hall, 1977.（稲葉・倉井訳『意思決定の科学』産能大出版部、一九七九年。）
Taylor, F. W., *Shop Management*, Harper and Brothers, 1911.
テイラー・F・W、上野訳『科学的管理法』産能大学、一九六九年。
Turing, A., "On Computable Numbers with an Application to the Entscheidenungsproblem," *Proc. Lond. Math. Soc.* (2), 42.., 1937.
Wiener, N., *Cybernetics*, John Wiley, 1948.

二　科学的管理の内包と外延

——ＩＴ革命の位置——

三戸　公

一　はじめに

二十世紀の初頭、Ｆ・Ｗ・テイラーは他の人々が《テイラー・システム》と呼称し自らは《科学的管理》と呼称した理論と技法を創始することによって、経営学の父と呼ばれている。以来百年、二十一世紀を迎えるに到った現在、経営の現実の発展はＩＴ革命と言われるような衝撃的な状況を惹き起し、経営学はあらためて自己の位置と意味を問わざるを得ない立場に立たされてきた。

当学会の統一論題「テイラーからＩＴへ——経営理論の発展か、転換か」は、まさしく経営学の置かれた現状認識に立った誠実な応答であり、統一論題の意図をはっきりと次のように表白している。「経営理論は実践と不可分のものとしてテイラーから始まり発展しました。そしてさらにＩＴ革命を経てその発展を継続させるのでしょうか。それとも新しく理論と実践を革命的に転換させて行くのでしょうか。これが問われなければなりません。」

この問に応えることは容易ではない。それは、まずテイラー以来発展して現在に到っている経営理論はいかなるものであり、それが現実にいかなる役割を果しているか、次に情報・技術＝ＩＴとはいかなるものであり、いかなる役割を果すものであるか、が把握されなければならない。そして、経営理論とＩＴとの関係が把握されなければならない。この三段階のそれぞれに極めて困難な問を問うこと以外に、提出された問に応えることは出来ないように思われる。ＩＴとそれが提起する問題は、既存の理論の枠の中に納まり処理することが可能であるか、そうでないか。納まり処理することが出来ないとすれば、既存の理論の発展拡充をはかることによってそれが可能となるか、ならないか。不可能であるとすれば、経営学はまさにパラダイム転換を迫られることになる。

経営学における既存のパラダイムは、テイラーの科学的管理パラダイムである。ＩＴはこれを超えるものであろうか。私は、既にこの学会の第七回大会の統一論題「経営学百年――鳥瞰と展望――」において、テイラー・パラダイムについて語っている。すなわち、テイラー以降の経営学の発展の一切は科学的管理の枠内のものであり、それは主流と本流の二つの流れがある、というものである。本稿は、そこで論じたものの再説から始めることになる。

二　科学的管理とは何か

科学的管理とは何か。この問には、次の三つの答えがある。

一、テイラー・システム（作業の科学による課業管理の体系）

二、テイラリズム（テイラー・システムの指導原理）

三、精神革命（対立から協調へと経験から科学へ）

第一のテイラー・システムとして科学的管理を把握する人々は、あるいはフォード・システムの出現により過去のものとなったとし、またあるいは人間関係論の出現によって大きく乗り越えられたと位置づけた。

第二の科学的管理をテイラリズムとして把握する者は、科学的管理の射程をテイラー・システムと把握する者より遥かに長く有効性をもつものとしている。たとえばドラッカーは、人間関係論よりも科学的管理は理論的にもすぐれており、現在においても有効性をもち続けていると把える。だが、ドラッカーは「自分の理論と技法はテイラリズムを超えるものである」、との自負を披瀝している。

テイラー・システムとしての科学的管理は主として彼の *Shop Management*, 1903 で叙述され、アメリカ機械技師協会で報告され機関紙に掲載され大きく問題とされた。だが、第二のテイラリズムとしての科学的管理の原理・原則を論じた *The Principles of Scientific management*, 1911 は ASME をこれを「新味なし」として機関紙に掲載することを拒絶した。第三の「科学的管理の本質は精神革命である」という主張は、「議会の科学的管理特別委員会における供述」（一九一二年）において為されたものである。

この第三の科学的管理観は、テイラー自身の発言としてテイラー研究者ならだれでも知っていることであるが、積極的に取り上げられることは極めて乏しかった。特別委員会が開かれた事情そして各委員からのテイラー・システムの苛酷性についての様々な角度・立場から為される追求のきびしさに対するテイラーの悲鳴であり、それをつつむオブラートに過ぎない、とされたからである。だが、私はここでのテイラーの主張を積極的に取り上げる。〈革命〉としか表現しようがない巨大な変革の宣言と私は受けとる。

テイラーの唱えた精神革命の二本柱のうちの〈経験から科学へ〉の意味するものは、人類史的なものである。人類という生物は知によって行動し生存する生物である。その知は経験にもとづく知であり、その知を蓄積し伝承しそれによって行為した。数十万年そのようにして生き、言葉を豊かにし、言葉を文字化して知を練り伝達するようになって五千年・六千年にすぎぬ。人間は知を愛し、学問を生み、やがて科学を生んだ。ルネッサンス・・十七世紀以降に科学は急速な発展をみせ、資本主義の成立・発展とともに産業革命期を経て科学と技術は急激な発展をみせるに到った。科学と技術は別々に発展を遂げ、両者が密接に接近し、結合しはじめたのは十九世紀だと言われる。そして科学は二十世紀において技術に直結的に結び付いたものとなり、技術と化し実効性を示すものが科学となった。科学＝技術あるいは科学技術と言われるもののみが科学となった。かつて社会科学の代名詞であったマルクスも、社会科学方法論のウェーバーも科学とは言われないような時代に今やなった。そして、学問は科学＝技術の科学がその主流を占めるに到った。

テイラーの科学は、まさに科学＝技術の科学である。テイラーの科学は、一流の労働者の経験知を集め、分類し、分析し、そこから法則・規則を発見し、それを形式化し、それを合目的的にプログラム化し、ハード・ソフトの手段体系をつくり上げるものである。そして、科学・技術のプロセスは数学を応用して、数値として把握し、技術の成果もまた数値化して評価し、判断するのである。

テイラーは自分の科学がいかなるものであるかを熟知していた。彼の科学は工場の現場労働者の知・経験と大学教育との一身における結合体験の結晶である。彼は自分の発言の意味が人類史的なものであったことを、自覚してはいなかった。だから、そのような叙述はしていない。サイエンスとテクノロジーとの間に深い溝のあったヨーロッパではなく、新興産業国の大学出の工場技師たちの能率増進運動の中からテイラーの業績・発言は生まれるべくして生まれたのである。その運動の中でのテイラーの功績は一歩、半歩のものであったかも知れない。だから、*Principles* の掲載は拒否された。しかし、このテイラーの一歩は人類史的意味をもつものだ、と私は言うのである。

〈経験から科学へ〉という命題は、単にテイラーが手がけ、確立し、さらに弟子達によって発展させられていく作業・仕事を対象としたものに限らない。それは〈テイラー・システム〉と彼自身は言わずに〈科学的管理〉と呼称したように、彼自身は〈管理の科学化〉を意図し、管理を科学の対象とし、それは必然的にそこにおいてのみ管理が成立し存在する協働行動・協働体系を科学の対象としたのである。科学的管理の成立こそ管理学・経営学の成立であり、管理学・経営学とは科学的管理の学に他ならない。

テイラーの凄さは、科学的管理の本質は精神革命にありとし、その内容を以上に論じ来たった〈経験から科学へ〉を柱としてたてるとともに、今一つ〈対立から協調へ〉を柱としてたてたことである。〈対立から協調へ〉は科学的命題ではなく、信念・信条・規範の表白であり価値的命題である。管理には科学的管理であろうと、経験にのみもとづいた伝統的な管理であろうと何等かの価値的・規範的な要素なくしては成り立たない。科学的管理もまた価値的・規範的なものを不可欠な要素とする。テイラーは〈経験から科学へ〉と並べて〈対立から協調へ〉を掲げ、これを欠く〈経験から科学へ〉のみに拠る管理を科学的管理と私は呼ばないと、彼は強く言いきったのである。

〈経験から科学へ〉という人類史的命題のもとに、人間の協働行動の科学・管理の科学を提唱し、その最初の体系を創り上げたテイラーの業績がいかなる意味をもつものであるか、以上がその粗雑な要旨である。ドラッカーもまた、「われわれの学問はテイラーのディシプリンに拠るものであり、そのことを誇りとする」と〝テイラー・キー〟授与式で講演していることを付記しておく。

三　科学的管理の展開　その一

〈経験から科学へ〉と〈対立から協調へ〉を内容とする精神革命としての科学的管理は、〈経験から科学へ〉と〈対立から協調へ〉の二本柱のうち〈経験から科学へ〉の一本柱に立つ多数派からなる主流と名づくべき流れと、二本柱の両者に拠って理論と技法を追究する本流とも名づくべき流れの二つの流れをもって発展して現在に到っている。

主流の研究は、科学の特徴に従って対象を限定し・細分化し・専門化し、そして対象把握の方法を限定して限りなく進む。そして対象を構成する要素を分解し、次々に新たな要素を科学の対象とし、新たな方法を生み出しつつ成果をあげ、その成果は技術として対象化し物化し、合目的的な結果を着実にあげてゆく。

科学的管理の構成要素として最初に科学の対象となったのは作業・仕事であり、その科学の創始者がテイラーであった。そして作業・仕事の科学はガント、ギルブレス夫妻等によって直接的に引きつがれ、人間の仕事の一切のものが次々に科学の対象とされ、科学的管理の対象となって現在に及んでいる。（大学教授の研究・教育も例外たり得ず、今や文部科学省の手によって自己点検・自己評価の名前のもとに管理化が強制されつつある。）

次に科学の対象として取り上げられるようになったのは、周知のホーソン実験を契機とする人間関係であった。人間関係論の発展は経営社会学・経営心理学を生んで発展し、とりわけインフォーマル組織・モチベーション・リーダーシップの研究は即技術化・技法化され、練り上げられて来た。

インフォーマル組織の科学化に続いてフォーマル組織の科学化が始まり進んできた。その礎を築いたのは、周知のようにバーナードの『経営者の役割』*The Functions of the Executive*, 1938 であった。この本の書名としてバーナード自身は『組織社会学』*The Sociology of Organizations* と呼ぶことを望んだ、といわれる。この本により、組織観は新しい地平が開かれ、管理観が一変した。そして、組織のもつ諸要因が更に細分化され、科学化され、新しい組織の理論と技法が展開されつつある。

H・サイモンは、バーナードの業績に依拠しつつも、それを大きく超えて意思決定の科学・『経営行動』*Administrative Behavior*, 1947 を樹立した。彼はこの本を出したとき、自らこの本の意義を十分にわきまえていた。意思決定の科学は経営学のみならず社会諸科学さらには科学一般にさえ根本的な変革を生み、現実世界・情報世界の変革をひき起しつつある。IT世界の構築に貢献したのである。

組織・意思決定が科学の俎上に登った次に、新たに登場してきたのが条件適応理論・環境適応理論Contingency Theoryによって切り開かれた領域である。それは環境である。環境が科学の俎上に上ってきた。だが、環境一般ではなく組織に直接的に結びつき組織体と直接的にかかわって来るかぎりでの環境である。環境条件のうちまず市場がそして技術がそして文化が組織とのからみで取り上げられるようになった。そして、環境条件と意思決定がからんで取り上げられて戦略論が形成されてきた。

現在、意思決定の前段階の知の領域の科学化が推進されている。その領域は、もちろん経営学の領域のみの問題ではなく、心理学、科学論、哲学の問題である。経営学におけるこの領域の研究は当然組織とのからみにおいて取り上げられることになる。加護野忠男の『経営認識論』(一九八八年)はクーンのパラダイム論を採用し、野中郁次郎の『知識創造の経営』(一九九〇年)はこの領域を大きくリードし、遠田雄志もまたこの領域で独自の仕事を重ねている。

四　科学的管理の展開　その二

科学的管理は本流と主流の二つの流れをとって発展して来たこと、そして先ず主流の研究の展開について略述して来た。それは〈経験から科学へ〉の命題に立ち、管理を構成する諸要因を、次々に科学の俎上にとり上げ、細分化し、分類・分析の方法を新たにし精密化しつつ、そこでその成果を直ちに技術化して来た過程であった。もっと直截に言えば、結果の有効的達成を意図して、その技術開発のための科学の研究領域の拡大・進化の過程であった。これに対して、本流とはいかなるものであり、いかなる発展の過程を辿って来たであろうか。

テイラーは科学的管理の本質は〈対立から協調へ〉と〈経験から科学へ〉であると言った。そして、この二本柱に拠って立つ研究の流れを本流と名付け、〈経験から科学へ〉は事実的命題であるのに対して、〈対立から協調へ〉は信念・信条・規範の表白であり価値的命題であると既に述べた。

テイラーは管理は科学によって発見された法則の意識的適用によってつくられた技術の単なる寄せ集めではなく、何らかの信念・規範・価値にもとづいて体系化されたものであること、箇々の諸技術は一つの価値にもとづくことなくしては体系化することは出来ないことを自得しており、彼は自己の信念を〈対立から協調へ〉あるいは〈心からなる兄弟のような協働〉と表明したのである。

テイラーの意図した科学的管理すなわち本流を意識して進んで行ったのが、M・P・フォレットである。彼女が論じた対象は管理である。彼女は管理の本質的要因である命令―服従・オーソリティ・統制・調整・権力・責任そしてリーダーシップを論じ、管理が人間協働をして統合的単位体たらしめるものとして論じた。その理論は人間の欲求・意見・立場の違いから起る対立・コンフリクトをいかに処理克服するかに軸点を置き、統合の理論と方法を論じ、全体状況の法則を提唱した。

D・レンとR・グリーンウッドは、フォレットをマキャベリからマグレガーにいたるリーダーシップ論の文脈において把え、彼女を「リーダーシップのルネッサンスに値する哲学者」と位置づけている。私は、むしろ「管理のルネッサンスに値する哲学者」と把えたい。すなわち、彼女をテイラーからバーナードにつながってゆく不可欠の環と把えるのである。何故なら、テイラーはテイラー・システムを創り上げ、その原理を明らかにし精神革命を論じたが、〈管理とは何か〉の問を発することもなく、従って管理の何たるかを積極的に論ずることはなかった。それに対して彼女は、管理とは何か、そして管理の不可欠の要因を論じ、更にそれを機能論・規範論として練り上げる論述を展開したからである。もっとも、マキャベリからマグレガーの間にフォレットを置いて、ルネッサンスと表現するのはそれはそれでよいが、テイラーとバーナードの間の時の経過は余りにも短い。私の意図は、テイラーによってもなお越えられることのなかった伝統的管理論、そしてその練り上げられた過程学派管理論の哲学と体系とは全く異なった哲学と体系を切り開いた最初の管理論者としてフォレットを位置づけようとするところにある。

フォレットによって切り開かれた新しい管理観はバーナードによって、驚くべき理論構築をもって構成・展開されることになった。テイラーの〈対立から協調へ〉と〈経験から科学へ〉の統合を目指した科学的管理は、価値的側面と事実的側面の人間協働における実践的解決を求めるバーナードの理論構築によって、管理論はまさにパラダイム転換をしたと言うことが出来る。

バーナードは管理とは組織維持機能と把握することによって、管理を支配・抑圧機能と把握することから完全に訣別した。それは、人間にとって協働は人間存在にとって基本的なものであり、人間協働体系を組織と環境との結合物と把握し、組織維持機能＝管理によって協働体系は機能せしめられ、人間結合の根底に光を当てたのである。すなわち、彼は協働体系論・組織論・管理論の三層構造の基礎に人間論を不可欠のものとして置いたのである。人間論なくしては組織論そして管理論は成り立たぬとしたのである。

人間論なくしては組織を論じ得ないとして全人仮説をたてたが、それは人間は物的生物的社会的側面・科学をもって把握可能な側面と信念・信条・道徳・規範等の価値的側面の二側面から成る存在であるという仮説であった。そしてそこに、事実と価値の結合のみならず、個と全体の統合、そして必然と自由意思の統合の可能を実現する理論的基礎を据えたのである。

だが、そのことが十分に論じつくされているわけではない。その可能性を指摘したにとどまる。彼が論じた焦点はあくまで組織であった。先にも言ったが、彼は彼の主著を『組織社会学』というタイトルにすることを望んだように。そして、主流の研究者たちはバーナードの組織論的部分のみを取り出し、そこで明らかにされた諸要因を細分化して、科学的研究・技法化して行くのである。

注目に値する経営学者は、テイラー、フォレット、バーナードだけだと言ったのは、ドラッカーである。彼は、バーナードが協働体系一般を対象にしたのに対して、より具体的な協働体系である企業の管理をとり上げた。彼は現代社会を問い、その中での企業の位置と意味を問い、企業の管理を単なる企業管理論ではなく、コーポレート・ガバナンス論のレベルに引き上げた。

彼もまた人間とはいかなる存在であるか、から出発する。人間の本質は自由＝責任ある選択である。そして人間はそれぞれに社会的地位・機能・所得なくしては存続し得ない。社会はそれを保証しなくては存続し得ない。その為には権力を不可欠とし、それを可能にするように行使せられる権力が正当な権力である。彼はマネジメントを正当な権力たらしめる行為体系として構築しようとした。彼は、その理論を構築し、自由にして機能する管理の理論と技法を展開したのである。

人間論に立ち、価値と事実、哲学と科学の統合を目指す本流の巨人として、ドラッカーの〝自由と機能〟は象徴的な言葉である。さて、サイモンについて一言しなければならない。意思決定こそ人間の人間たる特質である。そして、意思決定を価値と事実の決定前提によって代替案をつくり、それを評価し、選択する過程と分析し、その限界さえも論じたサイモンを、何故私は本流の学者としないのか。それは、彼はこの理論を創りながらも、彼の理論の契機をなしたバーナードの全人仮説を捨て経営人仮説をたて、価値前提を積極的にとり上げたら意思決定の科学を構築することは不可能だ、としたからである。ついでに、メイヨーに触れておこう。メイヨーもまた人間と社会を見つめつつ、人間関係を論じた。だが、彼もまた本流には入らない。それは、人間論・哲学をもっていても、人間関係論そのものは管理論ではないからである。管理の一部であっても管理の全体の何たるかを問うものではなかったからである。

五　科学的管理の内包と外延

管理とは何か。それは科学的管理である。管理論はこのことを自明のこととして、これまできたのであろうか。科学とは何かを自明の前提として進んで来たかにみえる。だが、科学を問題にしたとき、あらためてテイラーが浮び上り、彼の科学的管理が何であるかが問われることになる。そして、価値と事実、哲学と科学の問題そして部分と全体が管理の場において問われざるを得なくなる。

テイラーに始まる科学的管理の発展・展開がどのように進んで現在に到っているか、をみて来た。その時間的経過のあらましを平面的に図示して、管理ないし管理論の体系ないしは内包と外延を略説してみよう。

科学的管理の内包と外延

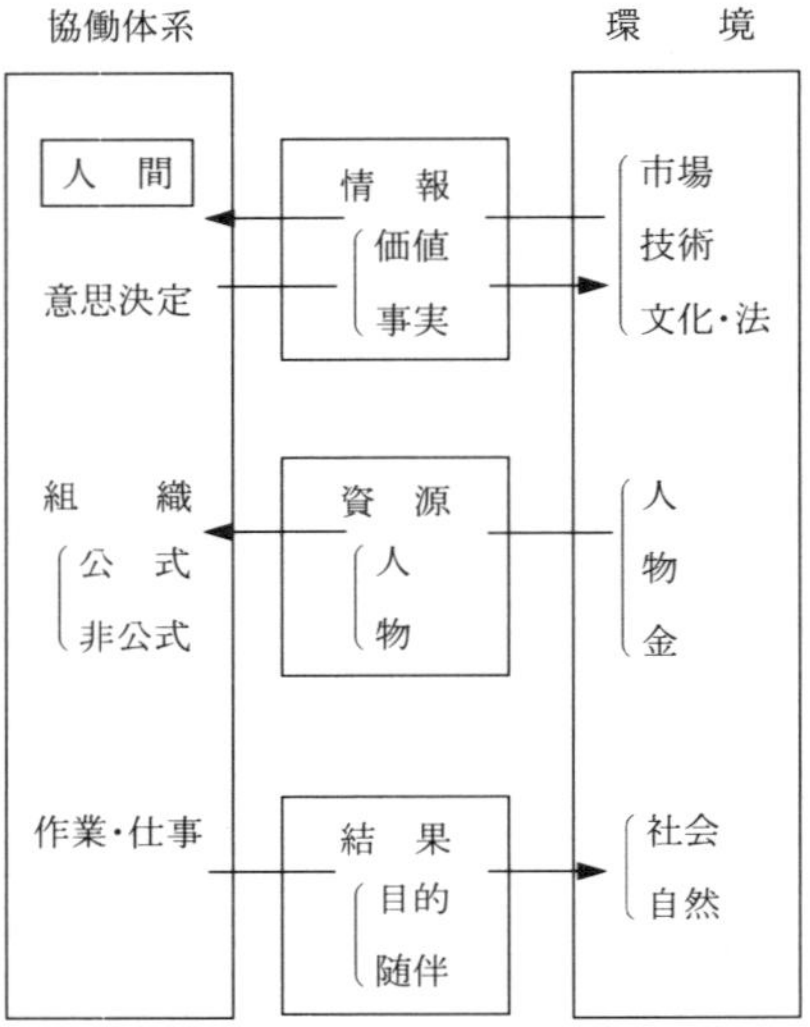

協働体系は、環境より情報を得て、目的を定め手段選択の意思決定をし、環境より人的・物的資源をえて組織づくりをし、作業をし、環境より人的・物的資源をえて組織づくりをし、作業をし、その結果を環境に投入する。管理の学は、科学として最初にテイラーの作業の科学、次に非公式組織、公式組織、そして意思決定の科学が成立し、更に組織とのかかわりにおいて環境の科学的把握が登場した。行為の前提・行為の過

程のプロセスが、科学的対象となった順序が全く逆となった経過は面白い。

この管理の内包と外延の図で把握されたものは、抽象的なレベルで把握されたものであって、具体性をもっていない。具体性を与えるものは、環境とりわけ情報と貨幣および物的・人的資源の具体性である。具体的・現実的な情報によって意思決定され、そして具体的・現実的な貨幣および人的・物的資源によって組織化される協働体系の具体的・現実的態様は驚くべき差と違いを現出するのである。

だが、いかに環境的諸要因の差異が生じても、科学的管理の体系・その内包と外延は基本的に違ったものとなることはない。市場・技術・文化の違いは、管理・協働体系に極めて大きな違いを生ぜしめる。だが、管理はその為に根本的な変革が求められ、管理論は根本的な変革を求められることはない、と考えるのである。情報技術の革命的衝撃は、管理において衝撃的な変化を求めるし、現に求めている。その衝撃はどれだけの深さ拡がりをもつか見当もつかない。だがＩＴは管理論の具体的様相の驚異的発展と変貌を促がす契機とはなっても、管理論それ自体の発展ではなく、ましてや管理論の転換ではありえない。それは、ここに掲げた「科学的管理の内包と外延」図式を書きあらためることを求めるものではない。この図式の枠内のものである。

ここで一言しておかねばならないことがある。それは、随伴的結果の問題である。科学的管理は目的的結果の有効的達成を求めてひたすらに自己の部分と全体を科学し、驚異的な結果をあげて来た。科学化が進めば進むほど、その結果は驚異的なものとなった。たった百年で世界は一変した。何千年・何万年の人間の営みは根本的に変化した。だが、人間の行為は、個人であれ協働体系であれ、行為の終りには必ず目的的結果と随伴的結果とがある。目的的結果が大となれば大となるほど、随伴的結果もまた大となる。

この随伴的結果の集積こそ、地球規模で進化しつつある自然破壊であり、諸個人の人格破壊であり、社会不安の増大である。科学的管理はひたすら目的的結果の達成のみを求めて、自己を科学化して来た。破壊を防ぐ道はただ一つ。目的的結果とともに随伴的結果に関する情報を集めて、破壊・崩壊を防ぐ意思決定をすることである。目的的結果と随伴的結果の両者に関する情報を集め、それにもとづいて意思決定をする管理を私は複眼的管理と云う。対症療法的な対応で済む問題ではない。

ＩＴは科学的管理の目的的結果である。これは、いかなる随伴的結果を生むであろうか。

六　ＩＴとは何か　その一

ＩＴが経営管理論の発展の継続か・転換かについて、科学的管理の展開とその内包と外延を論じ、ＩＴがそこにおいていかなる位置と意味をもつものであるかを指摘することによって、一応の答えを出した。だが、これだけでは未だ十分ではない。ＩＴの何たるかを積極的に論じることによって、あらためてその問に向かわねばならない。

ＩＴとは何か。それに答えることは容易ではない。その為には情報とは何か、技術とは何か、そして情報技術とは何かについて答えなければならない。なのに、情報とは何かについての共通認識はいまだ形成せられてはいないし、技術論についても論争は集結してはいない。だが、この問に答えないわけにはいかない。

情報とは何か。情報は物レベル・生物レベル・人間レベルの三つのレベルでとらえられる。一切の物は質・量と情報をもつ。情報とはそれぞれの物のもつ差異のパターンである。およそ個物は個物として存在しない。現実に存する個物は他の個物と全体の中の個物であり、その個物は他の個物との関係においてそれぞれの情報にもとづいて相互に反応している。情報はこの点からみれば、他の諸物といかなる反応を起すかの因子である。

次に、生物レベルでは情報はどのように把握されるか。生物もまた物であるかぎり、物のもつ情報をもつ。だが、生物は生物をして生物たらしめる因子をもつ。生物は単なる物ではなく、生命をもち自己を有機体として維持する存在である。生命体たる生物は特定の環境においてのみ生存しうる。そのいかなる環境において、いかなる生物として生きるかを決定する因子が遺伝子その他の生物的情報である。生物は生物のもつそれぞれの遺伝子情報により、それぞれに異なった環境のもつ諸情報に適応しつつ生命体を維持する。生物にとって環境適応の因子が情報といいうる。

さて人間にとって情報とは何か。人間もまた生物の一つの類であるから、物的・生物的情報をもつ。だが、人間が特殊な生物たるかぎり環境適応を人間独自のものとしてなす。すなわち、人間は環境適応を意思決定によって為す生物である。したがって、人間にとって情報とは意思決定の因子・要素である。それは、人間自身のもつ情報と環境のもつ情報の二種類の情報、内部情報と外部情報との二つの要因からなる。内部情報・外部情報は基礎情報・伝達情報あるいは一次情報・二次情報という表現もまた可能であろう。

人間は生物としての遺伝子情報をもともと持ったものであり、また五感・経験を通して得た情報をもっている。動物のもつ経験情報と人間のそれとは基本的に同じであるが、人間のそれは意識的・意思的にインプットしたものであることが違う。この五感情報・体験情報・経験情報すなわち人間の他の人間・社会・自然という環境と具体的に接触し行為し体験・経験して得られた情報こそ、人間にとって基礎的情報である。

生物は他に向って自分の情報を伝達する。人間もまた情報伝達をする。その時人間はしぐさや言語をもって伝達する。人間にとって伝達情報は記号・言語情報である。しぐさ・言語が数字や文字をもって形象化・記号化されたとき、経験情報に伝達情報が加えられ、蓄積され、それら諸情報は整理され、分類され、統合されるなどさまざまな加工がほどこされて新しい情報が生み出される。これすなわち知であり、知的情報である。頭の中の知的情報が形象化され記号・言語情報として客観化され伝達情報化されることを「暗黙知の形式化」という。知は豊かに知識化し、対象を限定して学問を生み、科学を生み、科学＝技術を生んだ。

さきに、情報とは人間にとって意思決定の要因であると言った。この観点から、情報をとらえてみよう。動物もまた情報にもとづいて行動するが、それは外部情報に内部情報が直ちに反応する行動であり、刺戟反応型の行動をする。人間もまた動物であるかぎり、この刺戟反応型の行動をする。それは生物的な範囲をこえて、反復的な行動・命令＝服従的行動の中では少なからずこのタイプの行動をとる。だが、人間は意識的・意思的に熟慮した上で意思決定し行為するところに人間の特徴がある。この意思決定の観点からみたとき、情報は価値と事実の二要因からなる。この分析の定式化は周知のようにサイモンによってなされ、彼は情報という言葉を用いず価値前提と事実前提という表現をとっていることも周知である。

決定前提としての価値と事実の二範疇の分類は、すなわち価値情報と事実情報との二分類は極めて重要である。また、このようにも言うことが出来る。人間の人間たる要因は価値情報をもつということである。旧約聖書は凄い。「全ての木の実を意のままに取って食べてもよい。だが、善悪を知る木からはその実を取って食べてはならぬ。食べたときにはお前は死ぬであろう。」言うまでもなく、善悪を知ることは、価値情報をもつということ・人間になるということである。

人間の行為は、価値と事実の二範疇の情報の合成である。事実に対し、するか・しないかを決めるのは価値である。その人が、いかなる倫理・道徳・信念・信条・規範、いかなる価値体系をもっているかによって、行為するかしないか、いかに行為するかは決せられる。周知のように、バーナードは主著において人間が事実情報としての環境に対していかに対応するかの側面について、これを「機会主義の理論」（第三部第一四章）として論じ、その環境適応がいかに彼の持つ道徳・規範の価値体系と整合的になされうるかの側面を「管理責任の性質」（第四部第一七章）において詳細に論じている。そして、サイモンは意思決定の二要因として事実と価値とをあげ、両者の違いを指摘し、代替案の作成・評価・選択のプロセスを定式化したが、価値前提を所与のものとしてこれを積極的に論ずることはなかった。

以上において、情報とは何かを情報の基本的分類を通して行なった。なおここで、五感・身体による体験情報、経験情報の基礎的・一次的情報と記号・言語による伝達情報・二次的情報との関係について一言しておかねばならない。それは、五感・経験情報なくしては伝達情報はインプットされえない、ということである。目の見えない人に色についての経験的基礎的な情報はなく、その人にむかって花の色についての情報をいかに伝えても、それはインプットしない。耳の聞こえない人にベートーベンの第五、美空ひばりのりんご追分を聞かせてもインプットすることはない。色彩・音声という事実情報についてだけの事ではない。それは価値情報についても同じである。価値情報もまた特定の価値情報を基礎情報としてもっていないかぎり、いくら外部情報として伝達されようとも内部化されえない。この是非善悪の価値情報は、とくに幼児期・少年期・青年期の人間が成人するまでの期間における身体的・体験的に注入・形成された基礎情報なくしては、伝達情報とりわけ物的媒体を通しての情報ではインプットされることは困難である。

七　ＩＴとは何か　その二

ＩＴとは何か。情報に関する技術である。技術とは何か。

技術は目的達成の手段である。人間は目的達成の為にまず自分の身体を手段とする。次に、人間は道具を作る。道具を手の延長・身体の延長として作る。道具が人間の身体の延長として作られ使われるということは、極めて重要である。それは、道具そのもの・行為そのもの・そして行為の結果が人間的限界を超えるものではなく、道具を使う行為は技能という行為情報を身体化し、行為結果を豊かにする。道具による行為は強制でないかぎり、身体的・精神的安定を伴った。のみやかんなが、筆や硯が、楽器がいかにそれを使う人間を豊かにしたか。

道具が機械・装置に進んだ。機械・装置は道具と違って身体の直接的延長ではない。道具をつくり、道具を使うのは人間であり、人間に身体化した経験にもとづいて形成された技能であるのに対して、機械・装置を形成せしめ、それを使用するのは技術である。技術とは何か。それは発見された法則性・規則性を意識的に合目的的に適用して作り出された手段の体系である。それは人間の身体的・生理的限界を完全にこえたものとなる。

人間は目的に応じて様々な道具・手足の延長の道具を機械・装置として技術化・体系化して来たが、二十世紀の終りの数十年間に情報の技術化・機器化の体系を創りあげた。目や耳や鼻や舌の代りをする測定機器群が科学によって造られ驚異的な測定結果を呈示している。その結果は機器によって得られたものであって、人間によって得られたものではない。人間は機器を操作し機械に奉仕してその結果として産出されたのである。

測定された諸情報・創出された諸情報が、頭脳の中にインプットされ、蓄蔵され、処理され、アウトプットされる。この頭脳の機能の技術化がコンピュータである。コンピュータがいかなる仕組みになっているか・どうして機能し結果を産出するのか、コンピュータの使用者は知らない。だが、コンピュータは限りなく情報量の蓄積を拡大し、処理（検索、計算、分類、分析等）能力を高め、アウトプットする。コンピュータが命ずるままに人間が奉仕する、すなわちマニュアル通りにしないかぎり、コンピュータは機能することもなく、結果を出すことをしない。一切の情報をデジタル化され、電気によって入力・貯蔵・加工・出力する頭脳機能の自己組織、電脳を人間は創り出し、その機械に奉仕する。

コンピュータを通して出て来た情報はインターネットを通じて瞬時に世界中のどのコンピュータにでも伝達される。この時空を越えた機能は言うまでもなく、人間のものではなく、人間の生理的限界を完全に超えている。

ITによる情報処理と情報伝達は人間と社会に決定的な変革をもたらすことになる。

八　おわりに

科学的管理の発展は、次々に科学＝技術の領域を拡大してゆき、遂に情報の分野にまで及んできた。情報の処理と伝達の機能性の追及とその成果についてはは、多くのことが語られている。その機能性の追及の驚異的な目的的結果に伴う随伴的結果については、ようやく語られ始めてはいる。だが、それは今のところ計り知れない。しかし、上述の論述のかぎりで一言しておかねばならない。

情報には価値と事実の二範疇があり、意思決定そして行為はこの両者によって為されるが、価値情報は身体による体験・経験情報としてインプットされて基礎情報化していないかぎり、とりわけ幼児期・少年・青年期に親子・兄弟・友人・先生等によってインプットされていないかぎり、伝達情報とりわけマス・メディアを通した伝達情報ではインプットしないということである。インターネットの形成以前の情報伝達における様々な技術革新の時代が七〇年代より急速に進み、情報社会・情報化社会という言葉が生まれて専門書が八〇年代に出るようになり、九〇年代には、神戸A少年症候群・一七歳少年事件の人間としての基本的な価値欠落の事件の発生をみるに到った。コンピュータ・インターネットのIT革命といわれる段階を迎えた今日、これなくしては人間の社会を保持することの出来ない価値の欠落した人間群を大量に随伴的結果として生むであろう。

さきに、ITは経営学すなわち科学的管理の理論的発展の延長線上のものであり、経営学の転換を迫るものではない、と言った。だが、目的的結果のみを追求する単眼的管理路線にとどまり、随伴的結果に関する情報をも決定前提に入れて意思決定する複眼的管理に転換しないかぎり、科学的管理の環境たる自然と社会の破壊の進化、とりわけ人間の破壊は科学的管理自身を崩壊させるに違いない。

参考文献

三戸　公『随伴的結果』文眞堂、一九九三年。
三戸　公『科学的管理の未来』未来社、二〇〇〇年。
吉田民人『自己組織性の情報科学』新曜社、一九九〇年。
吉田民人『情報と自己組織性の理論』東京大学出版会、一九九〇年。
村田晴夫『情報とシステムの哲学』文眞堂、一九九〇年。

三　テイラーとＩＴ
――断絶か連続か――

篠崎恒夫

一　はじめに

我々は、世紀の転換点における経営学の展開を、統一論題に示されるように、「テイラーからＩＴへ――経営理論の発展か転換か――」というテーマで捉えようとする。二十世紀がテイラーの業績に象徴される時代であれば、二十一世紀はＩＴ革命に彩られる時代であるとするならば、果たしてそこに通貫する経営理論は存在するのかという疑問を提示するテーマ設定である。この問題を、私は「断絶か、継続か」という副題で捉えなおしてみた。というのは、「ＩＴ革命」というとき、「革命」とは、そもそも、「体制の変換」を意味するものである。市民革命しかり、産業革命しかり。旧来の社会構造が、新しい構造によって取って代わられる過程を意味する。

したがって、ここで我々が解明しなければならないことは、二十世紀にとってテイラーが何であり、その延長として、あるいは、まったく異なった次元で「ＩＴ革命」なるものが果たして存在しているのかどうか、もし存在しているとすれば如何なる態様で存在するのかということである。

こうした課題に、私はまず、世紀の転換の大づかみな姿をドラッカーによりながら考察し、ついで、そこから派生する問題として、ドラッカーの「テイラー論」が上に掲げた課題に応えうるものであるかいなかの吟味をする。ついで、今世紀の学界の所産である労働過程論の軸点から、もう一度この論議を検討することを通じて、IT論へと駒を進めてみたい。

二　ドラッカーの二十一世紀論

1　総　論

我々の世紀転換期の論議を進めるにあたっての一つの手がかりとして、早くから体制の転換を論じてきたドラッカーの二十一世紀論をうかがってみよう。(1)

彼は、二十一世紀の経営の課題は、転換を捜し求め、正しい転換を探り出し、組織の内外においてそれら転換をいかに効果的なものとなすかであると説く。そのためには、以下の事柄が必要とされる。⑴未来を作り出す政策、⑵転換を探索し、予測する体系的な方法、⑶組織の内外で転換を正しく導入するやり方、⑷転換と継続性とを均衡せしめる政策　の四つである。

彼によれば、現在、新しい情報革命が進行中である。情報革命は最初、企業で業務情報として始まり、今では、すべての社会制度を呑み込もうとしている。その結果、企業にとっても、個人にとっても、情報の「意味」が抜本的に変わろうとしている。これまで取り上げられてきたような技術、機会、技法、ソフトウェア、あるいは、スピードの革命ではない。「概念」の革命である。これらの情報革命を触発し、駆動の源となっているのは、「情報」を提供すべきIT人やMIS人、CIO（最高情報役員）の一連の情報産業の失敗である。これまでの五〇年間、情報技術はデーターの収集、保存、伝送、プレゼンテーションに関わり続けてきた。いうなれば、「IT」のうちの「T」の方に焦点を合わせてきたのである。新しい情報革命は「I」に焦点を当てるものでなければならない。そこで問われるのは、「情報の意義は何か、してその目標は」ということである。

企業の必要とする情報の歴史を大まかに見るとき、原価会計から目標管理へ、法的仮構から経済的現実への流れがある。そして今日必要とされるのは、富を創出する情報である。すべての経営過程をカバーする基礎情報にはじまり、生産性情報、コンピータンス情報、資源配分情報に至る情報類がそれである。問題は、これらの情報の目標をいずこに置くかである。二十一世紀経営においては、「知識労働」と「知識労働者」の生産性を向上させることを目標としなければならないのである。

2　テイラーと労働者の生産性

次に、彼の説く「労働」と「労働者」の生産性とはいかなるものかを検討しよう。

ドラッカーによれば、テイラーが初めて労働を監視し研究しはじめて一〇年以内に、肉体労働者の生産性は、急激に上昇を始めた。それ以来、生産性は複利計算で年三・五パーセントの率で徐々に上昇しており、今日では五〇倍にも達した。二十世紀の経済的社会的発展は、この偉業に基づいているのである。

従来、リカードからマルクスまでの経済学者は、労働者個々に熟練の差があることを認めはするが、生産性について語るものは誰もいなかったのである。つまり、生産性は「外生因子」で、経済学に生産性は存在しなかったのである。マルクスは肉体労働と労働者を記述しはしたが、彼自身がその双方を監視したり機械に触れたことさえなかった。この両面に亘って経験した、つまり、肉体労働者として働き、肉体労働を研究したのは、F・W・テイラーを嚆矢とする。肉体労働者の生産性について彼が捉えた諸原理は、それを紡ぎ出すのに、二〇年にも及ぶ実験を重ねたのであるが、実はごく単純なものである。第一段は、仕事を注視し、要素動作を分析することである。第二段は、どれだけの力でどれだけの時間かかるかと動作を記録することである。このとき、必要でない伝習的な動作は除かれた。本質的なものとして残された動作が、最も単純で最も容易なように組み立てられる。作業者の肉体的精神的緊張が最小で、最短時間となるような方法がとられる。第三段で、これらの動作が論理的な順序で「課業」に組み込まれる。最後に、動作を行うに必要な道具が再設計される。

これがテイラーが把握した管理方式であるが、以後、百年にわたって数え切れない変化、変更、さらに精錬が加えられてきた。管理方式の名称にしても、何度も変遷を見ている。テイラー自身は最初、彼の方法を「課業分析」とか「課業管理」と呼んでいた。二〇年後に、「科学的管理法」と再命名され、さらに、二〇年を経て、第一次大戦後、合衆国、英国、日本では「ＩＥ」として知られるに至った。ドイツでは「合理化」と呼ばれた。

この百年間、管理のあらゆる方式は、その主唱者がいかにテイラーとの違いを主張したとしても、テイラーの原則に基づいていた。フォードのアッセンブリーラインのような肉体労働もそうであり、job enlargement、job enrichment、および job lotation も同様、労働者の疲労を軽減し、労働者の生産性を向上せしめるためにテイラーの方式を採用しているのである。

また、日本のＱＣサークル活動やカイゼン、ＪＩＴにも該当する。Ｗ・Ｅ・デミング（1900-1993）のＴＱＭは、課業分析とＩＥというテイラーの原理の適用例である。ＴＱＭを効果的ならしめているのは、仕事をテイラーがなしたと同じように分析し、組み合わせ、さらに統計理論に基づいた品質管理を付加したことである。

ところで、従来の労働に関する論者、ヘシオード、ヴァージル、マルクスらは、そろって労働者の「熟練」を祝福した。しかし、テイラーは、肉体労働にはそのようなものは存在せず、単に単純にして反復的な作業だけが存在することを主張したのである。これらの作業を生産性あるものとせしめたものは、テイラーが労働者に与えた「知識」（knowledge）である。核となる単純な動作を集合し組織化し実行せしめる方法である。実に、テイラーは「知識」を作業に適用した最初の人物である。

最後にドラッカーは、次のようにテイラーについての評価を述べている。すなわち、彼の所説には多くの限界や欠陥があるにせよ、テイラーほど経営管理に巨大なインパクトを与えたアメリカ人はいず、ヘンリー・フォードでさえ足下にも及ばない。「科学的管理法」（かつ、その継承であるＩＥ）は、世界を風靡した一つのフィロソフィーとみなされる。二十世紀でテイラーのフィロソフィーに対抗しうるのは、マルクスの哲学のみである。しかし、最後には、テイラーがマルクスを陵駕したのである、と。

３　知識労働者論

彼はこのフィロソフィーを二十一世紀を担う知識労働者に付託するのであるが、以下、彼の知識労働者論を聞こう。

彼によれば、知識労働者の生産性についての研究はまだ始まったばかりである。知識労働者に関する研究に関して西暦二〇〇〇年段階では、我々が筋肉労働者の生産性についてちょうど一世紀前の一九〇〇年に知っていたとほぼ同じところにいる。

以下のような六つの主たる要因が、知識労働者の生産性を決定するものである。

⑴　知識労働者の生産性は、「なにが課題であるか」と尋ねることを要求する。

⑵　さらにまた、知識労働者自身に彼らの生産性に対する責任を課すことを要請する。知識労働者は、彼ら自身を統御しなければならないのである。彼らは、「自立性」を持たねばならないのである。

⑶　知識労働者の研究、課題、および責任に常なる革新が補完しなければならない。

⑷　知識労働者にあっては、知識労働を進めるに当たって継続的な学習と絶えざる教育が必要である。

⑸　知識労働者の生産性にあっては、産出の量が問題ではなく、質が重要なのである。

(6)　最後に、知識労働者の生産性には、知識労働者が「コスト」としてではなく、「資産」としてみなされ、かつ扱われることが必要である。というのは、知識労働者が他のすべての機会に先んじて組織のために働こうと欲することが望まれるからである。

従って、管理の任務は、生産の最適質を確保することと組織体の資本的資産を保全することである。

三　投げかけられた課題

ドラッカーの二十一世紀論は、テイラーに率いられた二十世紀と知識労働者に率いられる二十一世紀とが対比され、世紀の転換点に立って展望するところに学ぶ点が多く、我々の課題に答える好個の評論であると言えよう。しかし、つぶさに彼の主張を検討するとき、我々が問題となる点がいくつか含まれていることに気がつく。以下、順にそれらを検討しよう。

(1)　テイラーの評価に関するドラッカーの論述が、ある面では二十世紀における作業と管理に関する実践と理論の展開を一元的に捉え、全てをテイラーに還元している点がまず指摘されなければならない。これはまさに、労働過程論においてブレイヴァマンが犯した「単純還元」の轍を踏んでいることに他ならない。反面、作業の科学化をあるときは方式と捉え、ある時は原理と見、さらには、フィロソフィーであるということにおいて、ドラッカーのなかでのテイラーを捉える焦点の拡散が我々を惑わせるのである。

(2)　次に問題としなければならないのは、二十一世紀知識労働者論を導き出す論点の出発点で、テイラー自身とドラッカーの間に労働者存在に関わる捉え方の根本的な開きがあることである。すなわち、ドラッカーは相対的に労働者存在を能力あるものと見なしているが、彼によれば、テイラーは労働者を本来的に無能者であり、その労働者に知識という可能性を与えたのは、労働者自身ではなくてテイラーであるという。この点は、暗黙知に言及するに至った労働過程論ならびに組織論の一定の成果から見て問題のあるところで、後で検討する必要がある。

(3)　先の一元論に関連して指摘しなければならないのは、はたして二十世紀管理論の展開が、ドラッカーのいうように労働を単純化し、「労働者の疲労を軽減する」ものであったかということである。人間関係論を皮切りとした労働者参加の動きは、job enlargementやjob enrichmentを含めて、疲労軽減を主眼としたものでは決してなかったのである。むしろ、拡大や充実などの言葉が示すのは、労働者に複数の課業を負担させたり、軽度の意思決定に参加させることにより労働者を動機づける理論に基づいた管理実践であって、決してドラッカーの言うように疲労軽減をねらったものではないのである。

四　科学的管理論の視座

前節(1)で指摘したように、ドラッカーのテイラー評価は、矛盾したものであり、二十世紀を総括し、二十一世紀を展望するにあたって論議の核に据える資格に欠けるが、なぜドラッカーがその様な評価に至るのかを明らかにしておく必要がある。学界の混乱情況を下敷きにしてドラッカー自身を位置づけると、そうした混乱はあながちドラッカー個人の責めに帰さなくとも良いことになる。というのは、混乱の根元に「科学的管理」を概念化する際、共通の概念手続を共有しえてないという学界情況があるからである。

そもそも、科学的管理は、能率増進運動を舞台にして作業と管理の科学化として生誕し、テイラー自身の理論と実践から門下生を経て能率技師の理論と実践へと展開し、ついには、これらの発展の結果、テイラー自身から離れて〈テイラーリズム〉や〈テイラー・システム〉として社会的に独り歩きしはじめるのである。当初、職場の管理問題であったものが、後に企業管理一般の原則へと昇華され、さらには、社会制度の中に構造化されることにより社会思想、政治思想、あるいはドラッカーのように〈フィロソフィー〉としてのテイラーリズムへと転身して今日に至っているのである。こうした発展経過に鑑みるとき、テイラー理解の混乱はあながちドラッカー個人のものではないことが理解されよう。

こうした状況をふまえて、今世紀の成果の一つである労働過程論の展開を省みるとき、そこにおいてトヨタ生産方式の位置づけもさりながら、従来の官僚制やテイラーリズム理解の見直しを迫る論議へと発展していることを見逃すことはできない。たとえば、アドラーの取りあげた問題がある。彼は、従来の官僚制における強権性とテイラーリズムの非人間性に関して、従来、規律化と標準化とは能率に益する側面を持つとともに、組織を硬直化させる意図せざる結果を伴うという仮説が定着していると見る。かれは、NUMMIにおける管理状況を分析し、官僚制的組織とテイラーリズムに基づく職務設計が必然的に疎外をもたらすという仮定は、簡単には満足されない。一部の従業員にとっては少なくともNUMMI生産システムの規律が疎外をもたらしてはおらず、ある者にとっては、動機づけの源ともなっていると主張する。つまり、この規律こそ、GMフレモントで経験した労働者のストレスからの救いの重要な源泉を提供したという主張である。むしろ、規律化、標準化、さらに細部にわたる分業という手続きの定式化は学習の本質的な要件であり、改善の新しい機会を明らかにすることによって改善過程を大いに促進しているのであるという認識に至るのである。

しかしながら、こうしたアドラーの主張は、〈テイラーリズム〉を理解するのに自らの手でテイラー自身の著作と実践から〈テイラーリズム〉を固定するのではなく、後の他の研究者の提示した諸原理から〈テイラーリズム〉なるものを抽出していること、また、〈テイラーリズム〉と戦後アメリカの管理実践とをドラッカー同様同一視しているという、二重の誤謬を内包しているのである。したがって、ここでは、労働者の意識においては管理における「規律化」と「標準化」に関して必ずしも従来の仮説ではとらえられない側面が見られるという認識があることを問題提起として示しておく。

一方、労働過程論における暗黙知論を契機として科学的管理を逆照射するとき、テイラーの科学的管理論は、ブレイヴァマンの「非熟練化」テーゼで断罪されたテイラー像とは異なった側面を提示するのである。『トヨティズム』の野村の指摘する「労働者の参加」視点がそれであり、篠崎の指摘したバッベジの「熟練等級論」の延長としての熟練労働者昇級論がそれである。これらは従来、「標準課業」から「精神革命論」への展開をテイラーの主流とする見地からしても切り捨てられてきた部分である。

これらについては、一応の個人的見解は示してきたが[2]、複眼的手法でもって再検討されて然るべき問題であるといえよう。

五　テイラーからＩＴへ

ここで視点を変えてテイラーからＩＴへの流れを考察しよう。今日、ＩＴ革命は、コンピューターの開発と小型化をその出発点である第一ステージとすれば、「知識ベースの社会的統合の時代」である第五ステージにあるとされる。その段階づけはともかく、テイラーからＩＴへの流れは、はじめにも示したように「断絶」なのか「連続」なのであろうか。はたまた、ＩＴは「革命」なのであろうか。

上で論じたように、作業の科学化が管理の科学化を生み、さらに定型化してＩＥとなる動きは、管理における能率追求以外の何者でもないのである。課業の標準化を計算・思考の能率化という概念に置き換えてみれば、Ｉ

Tの本質は情報（信号）による計算・思考の能率化ということになり、煎じ詰めればツールに他ならない。したがってそこに原理的な連続性を見て取ることが出来る。その意味では、「転換」ではないということができる。

次に、インターネットの盛行が「革命」であるのか否かという議論に目を転じれば、先に私は自著で、「情報化……が、組織内の情報化も組織のあり方に大きな変動を呼び起こしつつある。それは、情報流通と意思決定がインターネットを通じてグローバル化し、即時化する動きである。先の部品調達にしても、インターネットはあらゆる販売－調達システムを根こそぎ改変してやまない。特に、企業組織上の情報ネットワーク化は、交信者の平等化、意思決定の迅速化をもたらすが、これは官僚制組織に対する情報手段の優越を意味する。従来の対面伝達、文書回覧に変わって瞬時の情報交換がなされ、その限りにおいて官僚制組織の形骸化が進行する」[3]と述べた。サローがいうように、「偉大なる富を構築する機械を生むような前代未聞の環境を作る第三次産業革命」が進行すると、ＩＴの活用と市場構造の変化、企業戦略のトレンドは、業務プロセスの短縮、コストの削減、顧客情報の把握・分析を通じた的確なマーケティングが実現されるなどの方向で業務の合理化と情報精度を高めることに資するのである。のみならず、情報流通における変動費、限界費用を限りなくゼロに近づける。反面、情報化の過渡段階では情報弱者を生み出し、利用者数が増えるほどネットワークの利用価値は高まっても、先に特定の技術を定着させた企業が、収穫逓増の法則から最良でない技術でも延命させることも現れてくるのである。

このように私たちの周辺は、いまいわゆる「革命」への道を辿りつつある。しかし、ＩＴの発展が、在庫の無駄をなくし、個人と企業を直接結びつけるようになり、その結果、在庫投資がなくなり、景気の波が少なくなるとともに失業も低水準を維持するという桃源郷が出現するのであろうか。

現実には、ＩＴの普及による生産性の向上は、ハイテク産業や金融などでは当てはまるものの、ネットビジネスにしても流通チャネルを増やすという効果はあるにしても、万能ではない。ネットによって社会全体の在庫が大幅に減ったわけではなく、オールドエコノミーの生産性向上への寄与は小さいとの見方が広がっているのである。

それでは何が起こっているのかということになると、山口義行[4]によれば、我々を支配したのは、「従来の産業組織や経営組織の一部がＩＴ、特にインターネットに取って代わられてしまい、企業の多くが消えていったり、大量の失業が発生する」という「強迫観念」であり、「ＩＴ革命を推進すれば、経済の繁栄がもたらされるに違いない」という「過大な期待」なのである。彼は、「ＩＴ＝産業革命」論というのは、一種の「幻想」であり、そういう「幻想」を排して事態を冷静に把握することこそが、ＩＴの飛躍的発展とその普及という、二十世紀末に出現した新しい「環境」に私達がどう向き合っていくべきかを考える上で重要なのだと主張するのである。

六　おわりに

ドラッカーの二十一世紀論は、知識労働者への規範的な期待で満ちている。知識労働者の研究は始まったばかりだというのだが、その点ではまさにアドラーの問題提起と符合するのである。ドラッカーの分析は、ＩＴ革命の熱に浮かされてはいないが、果たして、知識労働者存在とネットワークとがどう絡むのかということになると、必ずしも明確な展望を与えてはくれない。ドラッカーの展望はともかく、いずれにしても、情報化の進展が経済のあり方を根本から変革することだけは事実である。いわば、情報資本主義とでもいうべき段階の到来は必至であると考えなければならない。情報は、個人、組織、国家、体制を包み込み、従来の物財に重きを置く商品概念を根底から脅かすのである。市場は不安定性をまし、企業は陳腐化の早い市場に対する即応性と創造性とを要求される。上でも述べたように、情報化は従来の国境概念をも破壊するのである。

情報化と相まって、体制の転換も認識枠組みの転換を促す。従来の経営学が前提としてきた公理・準則が崩れたり、通用しなくなったのである。こうした情況にあって、組織における主体性の確保、熟練の回復、分業の解消という人間性回復の学的課題はこれまで以上に強く意識されなければならないのである。地球環境の保持という人類の課題も企業の指導原理として繰り込むことが企業収益の源泉足りうることも経験し始めている。理論のあり方も、従来の規範論、純粋理論、技術論といった平面的な構造では、こうした人類的課題に対応することが困難である。人類的課題を論ずるためには客観分析に徹するという純粋理論路線とは矛盾するかにみえる規範論に立脚して、矛盾をも包み込んだ廣い総合思考も試みられなければならないのである。新たなる意味の学問の規範性が求められているといえよう。

注

（1）報告要旨においては、ドラッカーが年金基金社会主義と名付ける『見えざる革命』に論及した。統一論題の趣旨からいささか逸脱しているので本稿では注記に止める。

（2）官僚制と科学的管理の本質規定に関わる重要な問題提起であるが、理念型としての官僚制と管理論の展開において蓄積されてきた諸思考とを混同している論理であり、与し得ない。篠崎恒夫「『学習する官僚制』と『民主的なテイラーリズム』――アドラーのＮＵＭＭＩ体制評価をめぐって――」『商学討究』（小樽商科大学）第五〇巻第三・四号、二〇〇〇年参照。

（3）篠崎恒夫『個人と組織の経営学』同文舘、二〇〇〇年、二七六頁参照。

（4）「ＩＴ革命の幻想と現実」ＮＨＫ二十一世紀ビジネス塾（http://www.nhk.or.jp/business21/weblecture/）。

四　情報化と協働構造

國領二郎

一　はじめに

経営学の観点から、情報技術が社会にどのような影響を与えるかを検討すると、協働構造の分析という原点にまでさかのぼることになる。私的企業による営利活動か否かは別にして、とにかく人間がなんらかの誘因に基づいて集まり、共有する目標のために貢献し、成果物を分配する。その協働の誘因は必ずしも金銭的報酬ではなく、参加意識や名誉などが誘因となっていたりすることもある。

このような配慮が必要となるのはリナックスのような例があるからだ。今やマイクロソフトを脅かす存在となっているこの基本ソフトウエアを作成する際、世界中の大勢の技術者がボランティアとして手を加え、完成させていった。（佐々木・北山、二〇〇〇年）リナックスが特に面白いのはこれが純粋な奉仕活動（貨幣経済の外）の範疇にあるのではなく、貨幣経済と密接な関連を持っているところで、リナックスは幅広い分野で経済的な利得を生み出す道具として使われていることだ。このような現象まで含めて説明できる理論フレームワークが構築できるかどうかが問われている。

現象的には革命的な側面を持つ情報化であるが、それは必ずしも既存の経営学の分析フレームワークを否定することを意味していないことに留意したい。むしろ一見不合理に見えることでも既存の経営学や経済学の概念によって説明可能であることが分かってくる。ただし、その認識に至るにはいったん経営学が生まれた根源にまで遡って、協働の基本原理についての説明フレームワークを改めて検証し、新しい文脈の中で再検証する作業を経なければならない。ドッグイヤーという表現があるほど急速に進化していく現象を説明するには、逆にしっかりとした座標軸でモノをみる必要がある。

二　情報化とは

まず概念をきちんと整理することが必要であろう。情報化を論ずるときに、情報産業で起こっている話と、情報化の結果として産業一般で起こっている話と混同して考えている場合が多い。情報化は、情報産業の分野でまず先に起こる場合が多いので、コンピュータ産業や通信産業等で情報化の先行的な現象が見られることは確かだ。しかしそこから得られる知見を無理やり他産業——例えば自動車産業——に当てはめようとしても妥当性に欠けることがあるので、気をつける必要がある。

そもそも情報化とは一体何かも正しく認識したい。昨今、情報化と言う時、デジタル化とネットワーク化の二つが複合して起こっている現象を差していることが多い。この二つは密接に関連しているが、厳密には別々の出来事であり、実証などにあたっては注意深く分ける必要がある。まずデジタル化は情報を離散量で表現することであり、連続量で表現するアナログ技術と対比される。離散量で情報を表現することによって、正確に伝達したり、高速に処理することが非常に簡単になった。（ネグロポンテ、一九八五年）一九六〇年代以降、初期のデジタル技術は定型業務の高速処理に大きな威力を発揮し、企業活動に貢献してきた。このようなデジタル化の流れに一九九〇年代以降に加わったのがネットワーク化である。従来、ネットワークの世界は電話に代表されるアナログ通信が主体だったが一九八〇年代からコミュニケーションの媒体が急速にデジタル化していった。ここに情報処理手段と伝達手段がデジタルで結合されるにいたり、組み合わさって強力な情報化空間を形成した。初期デジタル化の定型処理の世界とは異なり、ネットワーク化は人間同士の非定型的なメッセージ交換を強力に推進するものであることに留意したい。すなわち、一九六〇年代の情報化と一九九〇年代の情報化ではかなり意味が違うのである。

さらにさかのぼると情報とは何かを定義しなければならない。情報と一口に言っても、たとえばデジタル・コンテンツをさしている場合は、情報を消費の対象（受け取ることで満足感を与えられる記号列）としてとらえている。また、もう片側で市場における情報などという話をしている場合には、情報の不確実性を削減する記号をさしている場合が多い。情報化の議論を行っているときにこの二つを混同せず、きちんと定義する必要がある。（野口、一九七四年：福田、一九九六年）

三　情報化が協働構造にあたえる影響――三つの要因

基本をふまえた上で情報化の影響には、どんなものがあるだろうか。デジタル化、ネットワーク化によって情報の流れが変化し、その結果、モノの流れ方も変化していく。ここで留意すべきことはコンピュータ・ネットワークそのものはモノを運んだりするわけではないことだ。しかし、情報の流れ方が変化すると、結果的にモノの流れ方も変化する。すなわち情報化の効果は二次的な波及効果として現れることが多い。二次的であるがゆえに因果関係を説明することが難しい。さらに難しいのが、影響を体系的に記述することで、失敗するとえてして断片的なストーリーの寄せ集めになってしまいかねない。その中で何とか大きな流れをつかむべく、現実のいろいろな事例に当てはめていきながら、なんらかの大きな変化の要因のようなものを抽出していく作業となる。そのような作業を経て、筆者は情報化の影響を大きく三つの要因に帰着させることができる。すなわち⑴情報の非対称性構造変化、⑵認知限界制約の深刻化、および⑶情報の非物財的特性の顕在化である。以下、展開してみよう。

1　情報の非対称性構造変化

情報技術が経済的なインパクトを持つもっとも直接的な姿は情報の非対称性の削減による効率化と言ってよいだろう。今日のデジタルネットワークを使えば、伝達コストが高いことによって偏在していた情報を、非常に安価に共有することができる。情報の偏在はしばしば非効率の原因となっており、取り除くことによって効率化が達成される。

トラック運送業界などにおける求貨求車システムなどはその一例といっていいだろう。トラック運送業界においては荷物を届けたトラックが帰途空車になることが多いなど、積載率が低くなりがちである。一方で帰途便を発見できれば効率的に運べる荷物が情報不足ゆえに新たなトラック便をしたてて運ばれ、そのトラックがまた空車で帰着するなどの非効率が発生している。今日の情報技術はこのような需給のミスマッチを解消し、業界全体のトラックの輸送効率を上げることを可能とする。トラック業者としてはより積載率の改善によって利益を確保し、経済全体では資源を節約し排気ガスなどの問題も緩和することができる。

情報技術はhub and spoke型の物流体系（一旦中央に物資を集めて再度分配する方式）をネットワーク型に直すことを可能とすることで無駄をなくすこともできる。従来、情報伝達のボトルネックによって、商品取引をしようとすると、物理的にも移動させて売り手と買い手が集まる場所（いちば）に集めなければならなかった。これが情報（商流）と物流を分離（これを商物分離という）することによって無駄な物流の発生を最小限に抑えつつ取引を実現することができる。ネットモールで有名な楽天市場の中では膨大な数の地方産品が陳列され、取引成立とともに直送されている。買い手は作り手と商品を吟味しながら購入することができる。多くの場合、中間流通を排除し消費者と生産者が直接やり取りできる。多段階の物流を経て生産者と消費者が切り離されながら取引を行う現行の仕組みとは大きな対比をなしている。中古自動車流通などで衛星通信を使ったオークションなどが、多くのディーラーの在庫をバーチャルに統合しつつ、成約があった場合にだけ配送が起こるシステムを作ることによって無駄な物流を削減している。

情報の非対称性を変化させる特質を使ったビジネス形態のもう一つの例がオークションである。電子取引が発展すると、価格は一物一価に収斂していき、低い所で決定するだろうというのが、九〇年代前半の研究者の予想であった。その予想を打ち砕いたのが、九八年ごろに大きくなったネットオークションである。不要品をオークションに出すと、予想外に高値がつくことが分かってきた。これまで情報伝達コストが高いゆえに見つからなかった需要者を発見できるようになったからだ。オークションに出品されるものは希少である場合が多く、いったん需要者が現れると高額を払ってきた場合が多い。従来、たたき売りを余儀なくされてきた供給者と高値で買わされてきた需要者をつなぎ、中間で需給をマッチングすれば需要側はより安く、供給側はより高く、商品を売買できることになる。

2　認知限界制約の深刻化

変化の要因の二つめは、人間の認知限界がボトルネックとして深刻化することである。情報化によって、情報が容易に入手できるようになったのであるが、一方人間には認知限界があって、情報が過多であると処理ができなくなる。これがボトルネックとなり、様々な協働構造の設計に大きな影響をあたえている。

そこで登場するビジネスが、ポータルといわれるものだ。情報過多に悩む購買者は生の全部の情報を入手することを望んではいない。取捨選択され、必要な情報のみを効率よく入手する必要性がたかまっている。ポータルは、膨大な数の情報、選択肢を顧客の好みに合わせてフィルターにかけ整理し、一番良いものを提示する。そして、一旦顧客をつかんでしまうと、顧客は案外ロイヤリティーが高い。顧客は価格が安いとなれば、あちこちサイトを移動すると思われがちであるが、現実にはいったん買い物をするサイトを決めると少々高くてもそこで買い続ける傾向がある。これも人間の認知限界が深く関わっていると考えられる。つまり、ネットで買い物をすることを好むような顧客には忙しくてあちこち行っていられない人間が多い、というわけである。

認知限界に関連して重要なのが「信頼」の概念である。ネットワークを活用した電子商取引は商圏を大幅に拡大しうるが、それが現実のものとなるためには顔を見たこともない相手との信頼関係の成立が必要条件となる。ネット上のある店は、非常に安い値段を提示しているが、お金を払っても本当に品物が届くか分からない、というのでは大変困る。そして、ネット上で相手を信頼するに至るプロセスというのは、希少な人間の認知能力の投資を必要とする。結果として信頼に関する認知限界制約は顧客が固定化するという現象として表面化する。一度購入してきちんと対応してくれた店は、次も大丈夫だろうというわけで、顧客のロイヤリティーが高まり、リピート客化する。

情報技術、ハードウエアの進歩につれて、人間の認知能力の相対的希少性が高まったと言ってよいだろう。情報システムの分野でこれが顕在化しているのがハードウエアとソフトウエアの相対的な重要度の逆転である。昔は、ハードウエアを節約するために、人間が夜中まで待機して機械が空くのを待つのが一般的であった。それが近年は、ハードウエア価格の大幅な低下によって、個人が当時よりはるかに性能の高いコンピュータを自宅と職場に持つようになってきている。これに対して、ソフトウエア生産の方は相変わらず人間の判断力に頼り手作業に近い。結果として生産性の伸びは極めて遅く、今日の情報システム進化のボトルネックは、ソフトウエアとなっている。こうなるとハードウエアを無駄遣いしてもソフトウエアを効率的に使用した方が良いということになる。パッケージソフトウエアが広がるのも、アウトソーシングという形でソフトウエアの共同利用が広がるのも人間の能力がボトルネックになっている現われと考えられる。

人間が処理できる情報に限界があることを前提に、その有効利用のために考え出された手法が、モジュール化である。モジュール化とは複雑化するシステムを設計するにあたって、希少資源となる人間の認知能力を節約するために階層化を行って対処する手法であると考えられる（Brooks, 1995）。大きく複雑なシステムを管理のしやすい下位システムに分けつつ、インターフェースを明示化し安定させることによって下位システムを独立的に設計、運用できるようにする。たとえば、サプライチェーンにおいて大きくて複雑な構造を、ネットを使ってオープン化しようとする場合、どうしてもモジュール化が必要になる。

これが技術的な設計思想をこえて重要な意味を持つのは、それが社会的な協働のあり方を規定しているからだ。インターネット自体について言えば、モジュール化とオープン・アーキテクチャの採用によって、独立した会社を開発した製品がどんどん結合していける社会的な仕組みを作った。それぞれの会社がシステム全体を開発することに伴う大規模な投資を避け、自社が真に付加価値をつける部分にのみ集中することによって、開発投資の効率性を高め、機動的な開発とマーケティングを行うことができる。小さく立ち上げ、うまく当たって自社製品をデファクト・スタンダード化することに成功すると、世界中のシステムに不可欠なモジュールを提供する大企業に急激に成り上がる、というプロセスだ。インターネットに刺激されて、モジュール化は情報産業を越えて、広く見られるトレンドであるとの主張も見られるようになってきている。(Baldwin and Clark, 1997：池田、一九九七年)

モジュール化は万能ではない。大きな問題は、それが最適な全体システムの設計には必ずしも結びつかないことだ。各モジュールを設計する組織がお互いの連携なく、勝手に開発を進めることで、全体として非常に無駄の多い仕組みを作ってしまう場合が多い。逆に言うと、モジュール化が有効なのはシステム全体の中に無駄にしていい余剰能力がある場合である。これをシステムの統合度という概念で説明することができる。(Clark and Fujimoto, 1991) 統合度とはシステム設計をする上で各部位間の設計が他に及ぼす影響の大きさのことである。製品の統合度が高いと、各部分の設計を担当する組織の密接な調整が必要となる。一九八〇年代の日本の製造業は米国のモジュール的な発想を否定し、統合度の高い商品を統合度の高い組織で作ってきたモデルと解釈できる。

モジュール化と高統合の双方を実現させる「進化するアーキテクチャ」という考え方もある。(会津、一九九四年) モジュール方式の問題である資源の無駄遣いはアーキテクチャを固定させなくてはいけないというニーズから発生している。長期間にわたってアーキテクチャを固定すると、その分だけ各サブシステム設計の自律性は高まるが、その分だけより大きな余裕を作りこまなくてはならない。この無駄を少しでも減らすためには各サブシステム間の役割分担と相互作用する場合のインターフェース (すなわちアーキテクチャ) を従来よりも早いサイクルで見直していくことだ。これを社会的に公開されたオープンな形でできればいい。インターネットの標準化を行っているIETF (internet engineering task force) は現在これにもっとも近いことを行っている組織体であると考えられる。公開されたメーリングリスト上で継続的にインターネットで用いる標準の改善方法が話し合われ、その中で最も良い提案が他の支持を得て実装され標準となっていく。これまで社内でしかできないと思われてきたプログラム間連携と全体システムの最適化に向けた努力などが、開かれた組織体によって進められて

図1　オープンプロセス・インテグラルプロダクト

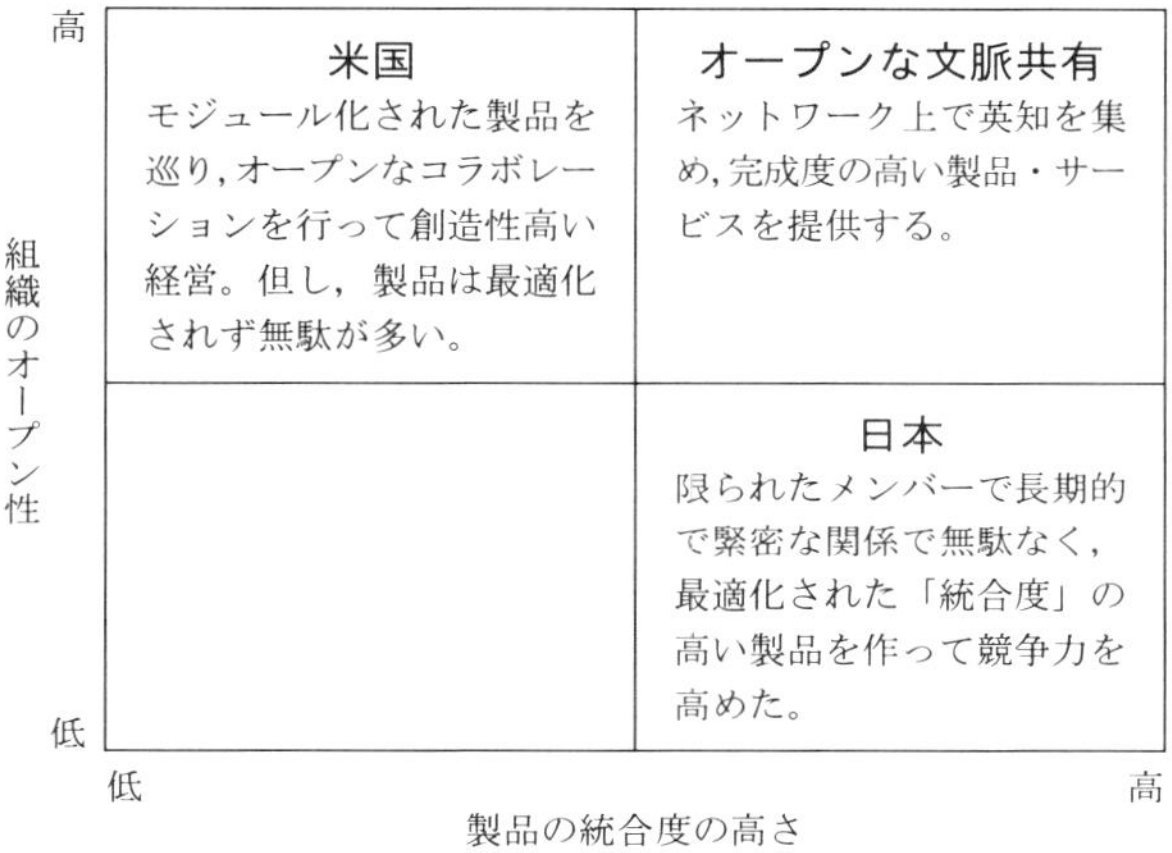
高
低
組織のオープン性
米国
モジュール化された製品を巡り，オープンなコラボレーションを行って創造性高い経営。但し，製品は最適化されず無駄が多い。
オープンな文脈共有
ネットワーク上で英知を集め，完成度の高い製品・サービスを提供する。
日本
限られたメンバーで長期的で緊密な関係で無駄なく，最適化された「統合度」の高い製品を作って競争力を高めた。
低
高
製品の統合度の高さ

いく。

これを日米の強みの結合という視点でまとめたのが図1である。オープン性の概念を組織のオープン性（インターフェースを公開することによってより新規メンバーが協働に参加しやすい構造になっていること）とプロダクトの統合度に分けて考えると、一九九〇年代に米国で成功したモデルは低統合度のプロダクトをオープンな組織で供給したシステムといえる。これに対して日本は伝統的に緊密なコミュニケーションで統合度の高い製品を作ることで競争力を高めてきた。オープン性と統合度の高さは一見すると矛盾するようだが、今後日本が構築するブロードバンドネットワークや、いまやお家芸になったともいえるモバイル技術をフルに活用して、組織の垣根や距離、時間の制約を超えて密なコミュニケーションを行うことができる。これによって日本の持つ世界最高水準の技術やサービスノウハウを高度に統合した、世界に比類のない商品提供システムの構築が可能と思われる。

3　情報の非物財的特性顕在化

三つ目にあげられるのが、情報の非物財的な特性による影響だ。ネットワーク上では情報の複製が極めて簡単であって排他的所有権の設定が非常にしにくい上に、限界費用は基本的にゼロに近い。いままでは情報と情報を運ぶ媒体とを切り離すことが難しく、媒体に限界費用が発生したので物財と同じように扱うことが可能だったが、デジタル化の影響で今では媒体とかなり切り離して考えるようになってきた。これらが重なると情報の価格がゼロに圧力が高まっている。影響が大きい音楽業界などにとっては深刻な問題である。インターネットで配信される情報がすべて無料になってしまうと、開発固定費が回収できないからだ。採算のとれる収益化手法を開発することが急務となっている。この点については後でさらに検討したい。

情報の非物財的特質を生かすとき、純粋に奉仕として情報コンテンツを提供するモデルも出てくる。冒頭で述べたリナックスがその代表例である。ユーザーに十分共通の利害、利益がある基盤的なソフトウエアについては、みんながそれぞれ、ボランティア的に貢献して作成していき、従って固定費の部分は無料で配信できるというものだ。これが単に無料で配信される基盤ソフトという以上に大きな意味を持つのは、リナックスがオープンソースを取り入れているところにある。

オープンソースというのはソースコードを全部公開しているプログラムのことである。内容が全部見えてしまうので、著作権や鍵でどう守っても、お金を取れるチャンスがほとんどなくなってしまう。よって通常販売しているソフトでは、オープンソース方式を取り入れられない。しかし、現場のエンジニアにとってオープンソースは大きな魅力なのである。従来のようにOSの類のソースコードが見えないと、システムがトラブルを起こしたときに、どこに原因があるか突き止める作業が非常に難しくなる。ところがオープンソースを採用しているソフトでは、どこで問題が起こっているか追いかけやすい。

そもそもソフトウエアについてはユーザーみんなの目で見て、その意見をフィードバックしていくほうがいいものができるわけで、オープンソースには非常に大きな魅力がある。ただしこれは財産権としての知的所有権を放棄したビジネス・モデルである。そこまで突っ込んでいくとビジネスの研究の範疇を越え、協働構造の研究になるわけであるが、金銭的報酬がなくても貢献しようという誘因が沸いて、多くの人たちがその行動に参加し、それによって多くの人たちが便益を受けるシステムがそこに構築されている。

四　ビジネス・モデルの視点

情報化の影響が経営組織に具体的に現れる姿を分析するために有効なのがビジネス・モデルという視点である。ここでビジネス・モデルとは経済活動において、(1)どんな価値を提供するか、(2)その価値をどのように提供するか、(3)提供するにあたって必要な経営資源をいかなる誘因のもとに集めるか、そして(4)提供した価値に対してどのような収益モデルで対価を得るかという四つの課題に対するビジネスの設計思想であると定義しておこう。(國領、一九九九年)

情報化研究においてビジネス・モデルに注目するのは、いわゆる「生産性のパラドクス」などから情報技術を単純に生産システムへの投入要素と考えて効果を計測するという方式に限界があるという認識に基づいている。情報化が効果を持つのはコンピュータの直接的な生産性の高さに由来するのではなく、従来存在したコミュニケーション制約を除去することによって新しいビジネス・モデルが生まれるからだという見方だ。すなわち情報技術が今日大きなインパクトを持つのは、経済活動が組織化されるにあたってコミュニケーションが難しいことが設計上の制約条件になっているからだという発想である。組織内における序列も、流通における系列の成立なども、コミュニケーションをなるべく少数の組み合わせで長期間持続して行うことによってよりスムースに行おうとしている帰結だと考えることができる。今日開発されている情報技術はその制約をどんどん緩和しつつあるがゆえに、組織構造全体を大きく変える力を持っているのである。懐疑的な論者は今日の情報技術が不完全で対面によるコミュニケーションに劣ることを強調されるが、逆に言うとまだまだ情報技術が不完全であるがゆえに、このトレンドはしばらく続くと見ていい。情報技術の限界的な改善がシステム全体の設計の前提を大きく変える状態が続くと予想されるからである。

以下、ビジネスモデル構築をめぐる四つの設計要因について検討してみよう。

1　提供価値

価値を生産し、その価値を分配するのが経済活動の基本であることは言うまでもない。ビジネスとは価値生産の組織化を行う活動に他ならない。この当たり前の要素がやはり重要なのは、ビジネス・モデルによって提供する価値が大きく異なることがあるからだ。

例えば発注の電子化をとって見ると、表面的には単に紙媒体を電子媒体に置き換えるだけのサービスに見える。しかし、よく分析してみると受発注電子化の効果は受発注事務そのものの合理化よりも、電子化することによって顧客の在庫状況、消費状況などを正確に把握し、顧客の在庫管理事務を大幅に合理化できる部分で発揮される場合が多い。これは実はインターネットを使った電子商取引が始まる前から認識されていた現象で、例えば先駆的事例にAmerican Hospital Supplyの取り組みがある。病院に消耗品を販売していた同社が一九六〇年代から販売合理化のために取り組んだ電子受注は急速に顧客の在庫管理サービスなどに発展していった。これは同社の提供価値が病院用消耗品の販売サービスから消耗品管理業務サービスへに転換したと認識できる。この古典的事例に類似したサービスが今日、インターネット上で急速に発展しつつある。

この分析は同じ財でも収益のあげ方には複数ありうることを示唆している。上記の事例では顧客を引き付けて

図２　分業形態の変化

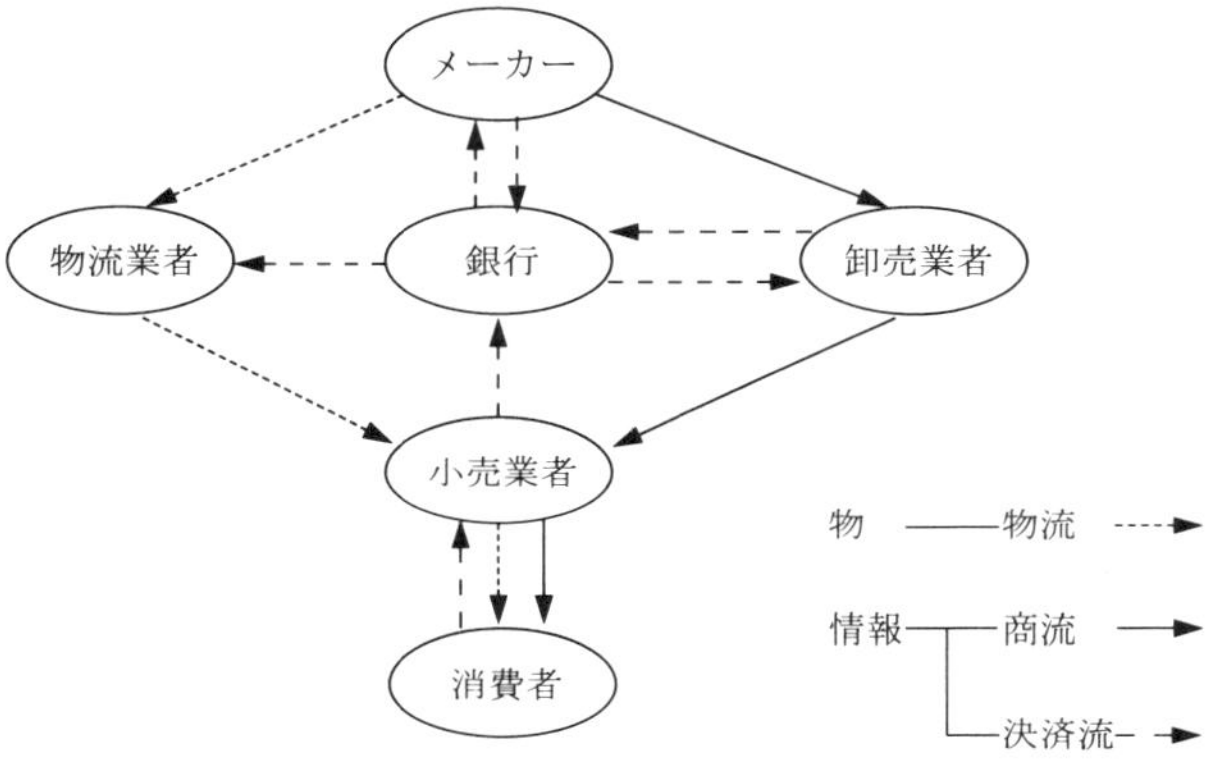

いるのは業務サービスでありながら、それに対する対価の支払いは物財の購入を通じて行っている。逆のパターン――サービス料金でハードウエアコストをまかなう――ということも十分考えられる。携帯電話などで、通信サービスの契約を結べば端末が無料になるといった現象はその例だ。

２　提供メカニズム

価値の生産・提供メカニズムの設計のことである。より実務的にはサプライチェーンの設計問題と認識しても良い。パーソナル・コンピュータ業界においてコンピュータ社は見込み生産が常識であった業界に受注生産方式を導入し競争のあり方を大きく変えた。中間流通を廃して工場から顧客に直接発送することによって、中間在庫を圧縮しただけでなく、流通のスピードをあげることによって陳腐化の激しい製品が値崩れを起こす前に販売するシステムを作り上げて高い利益率を達成した。

提供メカニズムの分析は分業体系の設計問題としてとらえることができる。提供プロセスにおけるさまざまな機能をいかに複数の経済主体によって分担し、どのように主体間の調整を行うかを設計するのである。図２は典型的な商物分離をテーマにビジネス・モデルを概念的に記述したものである。従来は物流と商流の仲介を兼ねてとり行ってきた卸売業者が商流に特化して、物流は物流業者にアウトソースした状況を図示している。

情報技術をビジネス・モデルの文脈で考える、というのはこのような図の中で、それぞれの構成員の内部オペレーションをバラバラに考えるのではなく、モデル全体の中における各構成員の役割分担の設計と仕事上のやり取りの方式を総合的に考え、その中で情報技術がいかなる機能を果たしているかを分析しようというものである。

3　誘　因

ビジネスを営むためには、必要な人的、物的経営資源を調達する必要がある。それをどのように調達するか、というのが誘因設計の主要な課題である。情報財について誘因の問題が重要なのは、情報については従来の労働や物質の提供に対して貨幣で対価を支払うというモデル以外のものが使われることがあるからである。

代表的なものは無償ソフトウエアであろう。上述のリナックスなどの開発に参加する技術者が完全に利他的な精神のもとで行動しているか、名誉、満足感など利己的な目的で行動しているのか議論が分かれるところであるが、そのいずれであっても、結果として無償で労働が提供され価値のあるソフトウエアが生産されている。

非貨幣的な情報価値提供で注目すべきはインターネット上などで消費者が発信する情報だ。典型的な例がコンピュータユーザ間に見られる助け合いの現象である。使い方が分からなかったり、問題解決をしたいなどの場合、メーカーに問い合わせるよりも他のユーザに聞いた方が的確なアドバイスが返ってくる場合が多い。ユーザコミュニティなどに質問を投げると全く未知の人が答えてくれたりする場合も多い。このような顧客が発信する情報を組織化するサイトもできており、「旅の窓口」は顧客の投稿情報を提供することによって他の顧客に宿泊先選択に利便を提供して成功した事例として有名である。このようにネットワークでは顧客側が発信する情報が重要なコンテンツとなる場合が多い。営利的なサービスを提供しているサイトに対して顧客が無償で商品利用体験情報を提供している形態である。このような場合、顧客が情報提供を行おうと思う誘因をいかに維持するかが大きな課題となる。

誘因モデルの設計は次項に述べる収益モデルの設計と密接に関係している。特に問題となるのは非貨幣的な誘因によって価値の生産が成立している場合、収益モデルの設計を間違えると誘因を破壊してしまいかねないことだ。上述のような顧客が発信するコメントが利用の大きな誘因になっているサイトの場合、顧客は他の顧客との相互扶助を行っていることの満足感を誘因として情報提供を行っている場合が多い。このような時に場を提供しているビジネス側がその善意をあからさまに自分の利益に結びつけようとしていると思われてしまうと顧客は逃げていってしまう。

4　収益モデル

ここまでの議論からも収益モデルの設計が今日のビジネス・モデル全体の設計の中でも中心的な関心事であることはご理解いただけると思う。特に問題となるのが情報価値であって、ネット上では情報がどんどん無料になってしまう現象の中で、情報生成のためにかかる費用の回収方法について有効な収益モデルを開発しなくてはならない。

収益化手法の一つに疑似物財化がある。情報財になんとか物財と同じような特性を持たせようとする。排他的所有権を発生させるため、知的所有権という制度で守ったり、暗号化技術で技術的に守ったりして、一個幾らというモデルを貫くというのが、擬似物財化手法であり、代表的なのは、マイクロソフトのパッケージソフトウエア販売であって、収益が非常に高いのは周知の通りである。ネットワーク上で配信などを行うと粗利が極端に高くなり俗に言われている収穫逓増現象が現出する。

擬似物財化は、フロッピーでソフトウエアを販売しているときには、大きな問題はなかったのだが、インターネットの発達に伴なって、うまく機能しなくなってきた。インターネットというのはそもそも非常に安価に複製して、自由に配信できる特性があるからである。擬似物財化手法は、インターネットの一番大きなメリットをわざわざ殺さないと機能しないわけで、二律背反的な現象が起こってしまう。社会の中に、なんとかコンテンツを売りたい側と、なんとかネットの能力を生かしたい側とがいて、それがいま衝突しているわけである。しかし、インターネットの特性を生かして、なんとか情報を無料で配信しても、収益をあげられるビジネスを考えることが、大切なのではないだろうか。

無料で配信しながら収益を得られる手法として広告がある。情報コンテンツは無料で提供せざるを得なくても、無理なくお金の収入を得るためには、広告を取ることが早道だ。アクセス数の多いサイトや、メーリングリストであれば、広告主から料金をいただけば、情報そのものは無料で提供しつつ採算も同時にとれる。現実に、現在の放送会社で用いられている手法であり、多くのインターネットビジネスで、広告は重要な収入源となっている。

収益を補完財から得るという手法もある。情報そのものの提供は無料で行なうが、同時に別のものを販売することによって、収益を得るというモデルである。むしろ、情報は積極的に提供し、その情報によって購買をしてもらおうとする。ショッピングサイトにアクセスすることは無料であり、いろいろな品物を見て、また品物についての知識を深めていただいた上で一番好みにあったものを購入していただく、など一例である。

収益モデルは支払い関係のモデルとしてとらえることもできる。例えば同じ情報サイトでも直接的に消費者が情報料を取る場合と、スポンサー企業から広告費でもらう場合とがありうる。

図3はホームページを使って物販を行う場合の支払い関係の3パターンを示している。ここではやや単純化し

図３　電子取引をめぐる支払い関係

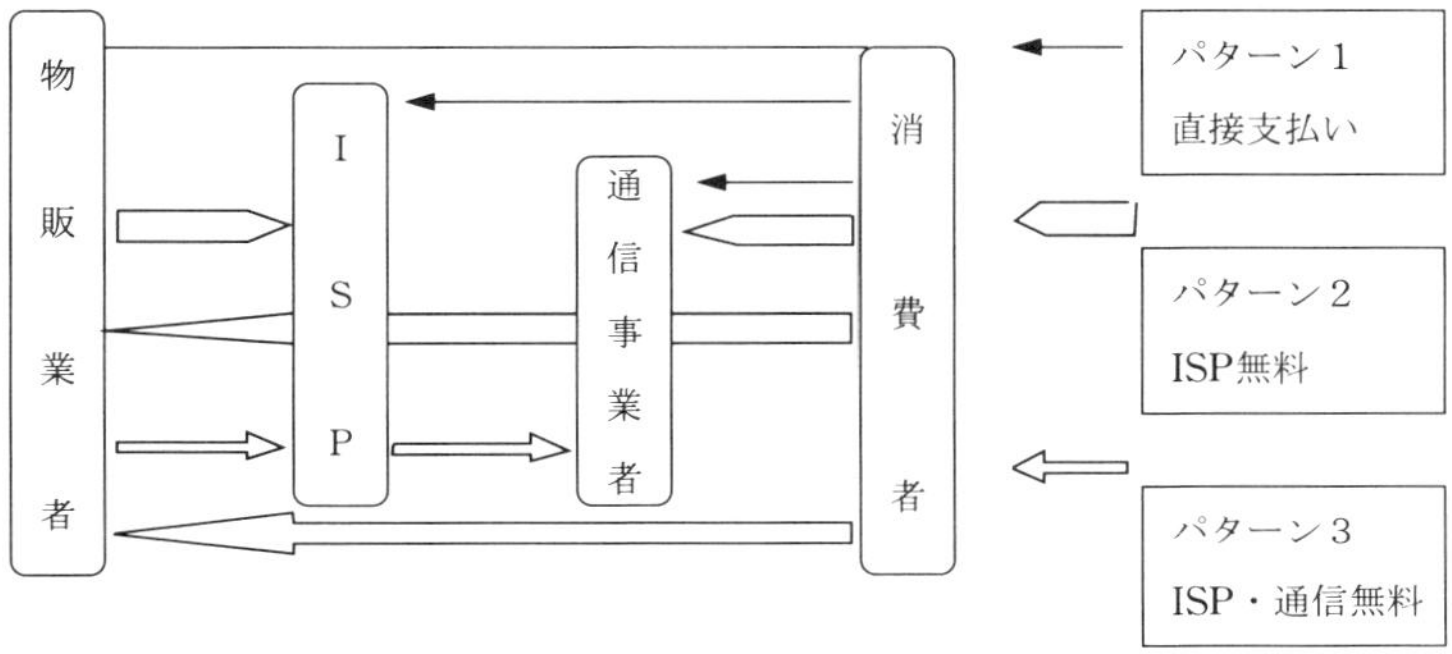

て商品を販売する物販業者、ホームページへのアクセスを確保するＩＳＰ（ＩＳＰ＝インターネットサービス・プロバイダ）、通信インフラストラクチャを提供する通信事業者の三種類の事業者が消費者にサービスを提供している図とした。パターン１は消費者が直接全ての事業者にサービスの対価を支払うパターンである。パターン２は消費者が無料ＩＳＰを利用しているような状況である。ＩＳＰは物販事業者などが販売によって得た収益の分配を広告料などの形で川上から得て消費者からは料金を取らない。通信料金は消費者が直接通信事業者に支払う。パターン２の傾向がさらに進行するとパターン３のような形が増えてくることが予想される。すなわちＩＳＰサービスだけでなく、通信料金も商品販売の収入からまかなわれるパターンである。これは駅から少し離れたデパートが駅まで無料の送迎バスを運行するのと同じ原理である。個人消費支出の方が通信産業の売上よりもはるかに大きいことを考えると、通信が完全に無料になることも夢ではないことを意味している。

このように同一の財でも、その収益のあげ方にはさまざまな形態がありうる。大きく言って、より収益の大きい部分におけるマーケットシェアの大きさを競っているうちに他の部分が無料化していくといった現象が観察されるが、さまざまな要因によって例外も多くみられ、誰が負担する収益モデルを構築するかはネットビジネスにとっての最も大きな課題となっているといってよいだろう。

五　結　び

情報化によって世の中がひっくりかえるがごとく語られる場合が多い。現実に情報化がらみで今までには考えられなかった現象――例えば情報財がどんどん無料になっていく現象――が見られることも事実である。しかしながら本稿でみたような形で現実を分析していくと、現象は新奇でもそのメカニズムについては従来から存在する概念やフレームワークの中で分析可能であることがわかる。情報技術が大きなインパクトを持つのはそれが機能的に優れているからではなく、むしろ不完全であるからだ。言い換えるとこれまで協働構造を設計する上でコミュニケーションの困難さがボトルネックとなって全体のシステム設計を制約していた分だけ、コミュニケーションの能力が高まることで、ビジネス全体の設計（ビジネス・モデル）を大幅に設計変更して能力を上げることが可能になってきたと考えられる。変化するコミュニケーション形態の中でどのような協働構造が生まれてくるか、理論面からも実証面からも研究を継続したい。

参考文献

会津　泉『進化するネットワーク』NTT出版、一九九四年。

池田信夫『情報通信革命と日本企業』NTT出版、一九九七年。

國領二郎『オープン・アーキテクチャ戦略』ダイヤモンド、一九九九年。

佐々木祐一・北山聡『Linuxはいかにしてビジネスになったか―コミュニティ・アライアンス戦略』NTT出版、二〇〇〇年。

野口悠紀雄『情報の経済理論』東洋経済新報社、一九七四年。

福田　豊『情報化のトポロジー』御茶の水書房、一九九六年。

Baldwin, Carliss Y. and Kim B. Clark, "Managing in the Age of Modularity," *Harvard Business Review*, Vol.75, No.5, 1997.

Brooks, Jr., Frederick P., *The Mythical Man-Month : Essays on Software Engineering*, Anniversary Edition, Addison-Wesley, 1975 ; 1995.
Clark, K. B. and Fujimoto, T., *Product Development Performance*, Harvard Business School Press, 1991.
Negroponte, Nicholas, *Being Digital*, Knopf, 1995.
Simon, Herbert A., *The Sciences of the Artificial*, 2 nd ed., The MIT Press, 1981.

五　経営情報システムの過去・現在・未来
——情報技術革命がもたらすもの——

島田達巳

一　はじめに——問題意識——

経営学が百年以上の歴史を持つのに対して、経営と情報技術との統合した領域を扱う経営情報システム学は一九五〇年代初頭に汎用（コンピュータ）機がビジネスに用いられたことを起源とするから、たかだか五十年の歴史を持つにすぎない。そのような意味では、経営情報システム学は、新興科学に過ぎないとも言える。しかし、情報技術が持つ潜在能力は大きく、経営に与える影響は計り知れない。情報技術の適用領域は、今日では経営のみに留まらず外延化しており、あらゆる組織や組織間、個人や個人間の社会経済に及び、その影響を増しつつある。このような情報技術のもたらす社会経済の変革は、情報技術革命と称せられ、十八世紀後半から十九世紀前半にかけて起きた産業革命に匹敵するか、それ以上の影響を持つものと捉えられている。

そこで、本稿では、次の二つの課題に応えようとする。一つ目は、産業革命においては、次々と技術の革新（イノベーション）が行われ新製品や新市場が生まれ、技術と市場とが相互作用しながら連鎖的に発展し革命を実現したが、産業革命との関連で経営情報システムのこれまでの変遷を辿りながら情報技術がどのように革命にまで繋がるようになってきたかを明らかにする。二つ目は、経営に大きな影響を与えつつある情報技術の経営学への含意はどのようなものであるのか、言い換えると、それは経営学の発展を意味するのか、それとも転換を意味するのかについて一定の言及を行なう。

なお、本論に入る前に、若干の用語の定義をしておく。先ず、本稿で取り上げるのは、情報革命ではなく情報技術革命である。情報は、言語や文字の誕生など有史以来から始まるが、情報技術革命はコンピュータの利用から始まり、その歴史は短い。(1) また、情報システムと情報技術はよく互換的に用いられるが、厳密に言えば同じではない。情報技術は、デジタル技術やネットワーク技術などを表す用語であるが、情報システムは、技術のほかに人、データ、手続きを含むより幅広い用語である。

二　産業革命と情報技術革命

情報技術の社会経済への影響が、産業革命に匹敵するような革命に当たるかどうかについては、汎用機の時代から一部では唱えられていた。(2) しかし、汎用機は、後述するように適用分野は限定的であったことを考えると、産業革命に匹敵するとするのは過大評価と言えよう。しかし、汎用機にＰＣが加わり、さらにインターネットが登場し、それらが重層的に使われ始めた今日、社会経済的な影響の広がりと深さは、正に革命的と呼ぶに値しよう。(3)

産業革命は、十八世紀後半から十九世紀前半にかけて起きた大きな技術の革新（イノベーション）による経済上の変革である。それは、蒸気機関の出現、エネルギー源としての石炭の利用、そして紡績機械の発明を契機とする綿工業による機械制工場によって確立された。それが、他の諸産業部門にも連鎖的に波及し、運輸・交通手段の変革を伴った。

シュンペータは、革新を非連続的に現れる生産手段の新結合であるとし、新結合には次の五つまたはそれらの組み合わせであるとしている。①新しい製品の導入、②新しい生産方法の導入、③新しい販売市場の開拓、④新しい買い付け先の開拓、および⑤新しい組織の創出、である。要するに、紡績機械の発明や新たな綿工業部門の生産方法は、労働手段を道具から機械に変え、既存の家内工業や製造業者を創造的に破壊し工場制を生み出し、新しい市場を生み出した。

新たな技術と市場が形成されると、そこにはたくさんのインバランス（不均衡）が生まれる。このインバランスを解消しようとする強いインセンティブが産業や技術を前進させる原動力である。そして、それを大きなビジネス・チャンスだと構想できる担い手がいなければ革命は遂行されなかった。産業革命とは、こうしたさまざまな社会的変化の中で、さまざまな要因が複合的に重なり合って実現したのである。[4]

この産業革命から導かれる技術と市場の形成は、汎用機から今日のインターネットに至る情報技術革命にも当てはまる。企業活動に必要な情報の収集、処理加工、蓄積、伝達、あるいは利用という工程を担う情報技術の工程間インバランスが革新を誘発し、次々と新たな情報技術を生み出すとともに、それらが新たな市場ニーズや事業機会を呼び起こして展開され今日に至っている。

三　経営情報システムの変遷

(1)　発展段階説

経営情報システムがどのような発展段階をたどるかについては、ノーランの所説がある。[5] それは、シャインの

「技術が組織にどのように同化するか」についての、①投資（新技術のプロジェクト開始）、②技術学習と適応、③正当化、④成熟（広範囲な技術移転）、という四段階説を情報技術に応用したものである。[6] ノーランは、一九七三年には、情報技術資源の管理に関して四段階モデルを呈示したが、半導体技術の革新によるPCの登場に伴い、汎用機を想定した四段階説では、その枠組みに収まらなくなり、技術の転換による不連続点が起きたとし、一九七九年には六段階説に変えた。彼は、段階を①初期、②普及、③統制、④統合、⑤データ管理、および⑥成熟、の六段階と捉えている。

この説は、S字型費用曲線と組織学習過程とを関連づけているところに特色を持つもので、各企業が情報システムの展開を意図する場合に、発展段階の何処に位置し、次に何を準備したらよいかの指針が得られるという点で有用性を持っていた。しかし、彼の説に対しては、幾つかの批判が加えられた。すなわち、S字型予算カーブや各段階でのベンチマークが実証的に裏付けられていないとするものである。[7] 複数の段階を同時に併せ持つ大企業が今どの段階に位置するかについて当てはめ難いという問題点もある。そして、このモデルは、汎用機に加えて、PC時代まではカバーしたものの、次なる新技術の予見の困難性により、新たに登場したインターネット登場による技術の波及をカバーすることはできず、次第に顧みられなくなった。

(2)　総合的発展段階モデル

経営情報システムの変遷を捉えるに際して、ライフサイクル的な発展段階説以外にも、これまでに種々の所説が唱えられてきた。われわれは、ライフサイクル的な発展段階説では、新しい時代を画するような新技術が登場したときにその統合が困難になることから、情報技術の発展をベースに各段階を画する特徴的な変数を選んで総合的に捉えるビルディング・ブロック的に追加が可能なアプローチを取る。

そこで、情報技術の初期から近未来を視野におくとき、三つの段階を設定できる。それらは、かねてより主張

表1　総合的発展段階モデル

	データの時代(第一次)	情報の時代(第二次)	知識の時代(第三次)
時　期	1950年代後半～	1970年代後半～	1990年代後半～
目　的	省力化	+顧客満足	+協働
情報形態	データ	+情報	+知識
意思決定	オペレーショナル	+マネジメントコントロール	+戦略的計画
処理方式	集中処理	+分散処理	集中/分散処理
情報空間	組織内	+組織間	+組織・個人間
手　段	デジタル技術 システム技術	+データ通信 +OR	インターネット技術 +金融工学
主導概念	ADP IDP MIS	DSS OA SIS CAD/CAM EUC BPR	CALS/EC インターネット/ イントラネット ERP SCM CRM KM

注1）　+記号の付せられた項目は置き換わるのではなく，加味されるという意味である。
2）　ERP: Enterprise Resource Planning　CRM: Customer Relation Management
SCM: Supply Chain Management　KM: Knowledge Management

してきたデータの時代（第一次）、情報の時代（第二次）に加えて、新たに知識の時代（第三次）を追加したものである。[8] これらの段階を画するエポックメーキングとなるのは情報技術で、汎用機、PC、及びインターネットである。それは、汎用機による集中処理形態に始まって、PCを用いたCSS（Client Server System）方式、そして、インターネット技術を利用したイントラネット、Webコンピューティングなどの分散処理形態への移行である。

そして、主な変数としては、利用目的、情報形態、意思決定、処理方式、情報空間、手段などでそれらは、表1のように表すことができる。

(3)　データの時代

先ず、データの時代では、汎用機によるデータの集中処理により省力化が著しく進んだが、内部情報を主たる対象とし、専門家による開発・運用という制約があった。また、この時代には、価格構成のなかでハードに比べてソフトの比重は低く、同一のベンダがハード、ソフト、保守サービスの殆どを、バンドリング（束ね）して提供していた。すなわち、ユーザは、全てのサービスを単一のベンダから購入し、コンピュータ業界は垂直統合の原理によって編成されていた。その結果、コンピュータの規格はベンダ毎に異なり、高価格で、ユーザが機種を切り替えるのは極めて難しかった。垂直統合では、一社のベンダが部品製造から製品の設計・製造・サービスまで担うので、製品の作動が円滑にいくという長所の反面、ユーザがその規格から抜けにくく囲い込まれるという短所を持つ。これらの制約を取り払ったのがＰＣであり、情報の時代である。

⑷　情報の時代

一九八一年にはＩＢＭがＰＣ製作を決定し、ＭＰＵ（Micro Processing Unit）やＯＳ（Operating System）をはじめ大部分の部品を他社から購入した。ＭＰＵによって、以前はコンピュータに多くのチップを使う必要があったが、一枚のチップで全ての種類のＰＣを作れるようになったのである。チップ、コンピュータシステム、ＯＳ、ネットワーク、アプリケーションのサービスについて各専門のベンダが分担しユーザが選べることができることになり、業界の競争により低価格化するとともに、ユーザの柔軟性が高まった。コンピュータ価格の中でハードとソフトの構成比は、汎用機時代の後期には、ソフトの比重が高まっていたが、ＰＣ時代ではさらにその比重が高まった。

ＰＣの普及で分散処理が急速に進み、ＥＵＣ（End User Computing）により、コンピュータは専門家のものからエンドユーザのものへと移った。ＰＣの生産では業界内で分業が進んだ。そのため、長い間続いたコンピュータ業界の編成は、垂直統合の原理から次第に水平統合の原理に変わっていった。

⑸　知識の時代

情報技術の発達は、オフラインからオンラインへ、スタンドアローンからネットワークへ、シングルメディアからマルチメディアへ、ローカルからグローバルへと、漸進的に辿ってきた。そして、これまでは、ネットワークの接続は部分的で、データベースの統合度も低く、PC端末も普及しておらず、情報技術の使用者も限られていた。

しかし、インターネットの登場により、これらの制約が知識の時代になると大幅に取り払われた。そして、共通の通信規約による世界のインターネット・ユーザの相互接続により、コンピュータはコミュニケーション手段へ、内部情報から外部情報に比重を移し変化を遂げた。また、企業はインターネットの技術を企業内に取り込んだイントラネットを、さらには関連の取引先に対してはエクストラネットを構築し、全てのアプリケーションを共通のインターフェースとしてのWebコンピューティングで使用する方向に進んでいる。

そして、コンピュータとは別に発展した携帯電話がインターネットの情報端末として用いられるようになり、利用の裾野が更に拡大しつつある。また、ネットワークによる情報資源の共有が可能なことから協働のための知識管理の重視性も高まりつつある。また、汎用機やPCの時代には、適用業務の開発から運用までは複雑で時間がかかり、更新も容易でなかった。このことが、システムの硬直性をもたらす反面、模倣も難しくしていた。しかし、オープン性を持つインターネットの利用で、ソフトや開発ツールの革新やモジュラー化により、開発・運用が容易となり、システムの柔軟性をもたらし、後追いもしやすくなった。多くの企業がインターネットの装備を進める一方で、新規にEC（Electronic Commerce）、またはネット・ビジネスに参入する企業が増えている。

また、情報システムの開発方法も多様化してきた。汎用機の時代には、ウォーター・フォール型という伝統的アプローチが主に利用されたが、PCの時代以降、伝統的アプローチに加えて、プロトタイプ、ERP（Enterprise Resource Planning）パッケージ、およびEUCアプローチが用いられるようになった。このような開発方法の多様化に応じて、アンバンドリングが進み、情報サービス業においては、過程の全体または一部について、垂直的または水平的専門特化してサービスを提供している。

四　情報技術革命の経営学への含意

(1)　情報技術が経営に与える影響と経営学への問いかけ

情報技術は経営に種々の影響を与えつつあるが、おおまかに情報の時代までを「これまで」とし、知識の時代からを「これから」とすると、主たる経営の変化を資源、流通、組織に大別して要約すると表2のようになる。

資源については、企業は資源の「所有」によるフルセット主義から、持たない経営や持ち合い経営による活用へとシフトを強めていく。企業は外部から情報を収集し、処理加工、蓄積、伝達し、外部へ情報発信する。企業が持つデータ、情報、知識、および知恵をナレッジ（知的資産）として有効活用し、競争力のある付加価値創出の源泉とするナレッジ・マネジメント（Knowledge Management）の重要性は高まっていく。しかし、情報技術が進歩するにつれ、人の認知能力の限界による希少資源性が増す。すなわち、情報技術中心の形式情報や知識だけでなく、それらを評価・解釈する人間中心の意味情報や暗黙知を密接に関連付けて全体として管理することの重要性が高まる。

流通については、情報技術は消費者と供給者の距離を短縮するのはもとより、販売形態を変えるなど流通にも大きな影響を与え始めている。それは、新たにコンテンツ産業を生み出すとともに、店舗を持たない通販業や仮想商店街によって拡大しつつある。生産者と消費者は、情報技術によって限りなく近づきつつあり、

表2　経営の変化

	これまで	これから
資源	所有 データ・情報	＋活用 ＋知識
流通	コンシューマ マスマーケット 販売代理	＋プロシューマ ＋個客 ＋購買代理
組織	リアル クローズ 階層	＋バーチャル ＋オープン ＋ネットワーク

モノによっては生産者と消費者が一体化し、プロシューマ化するものも出現してきた。従来、企業は消費者が何を欲しているかを把握する情報に乏しく、不十分な情報に基づいて商品を市場に投入していた。しかし、ECのもとでは、マスマーケットでは把握できなかった一人一人の顧客（個客）の顔が見えるようになった。個客が、「いつ」、「なにを」、「どこで」、「いくら」で買ったかを把握することで、購買履歴を時系列的にデータウェアハウスに蓄積できる。そして、「いつ」、「なにを」、「どこで」、「いくらで」買うかを予測したり、購入前の照会や引合いなどの個々の情報はもとより、より踏み込んで消費者行動を予測することでリスクの低下に繋げることが可能となった。また、流通業者は、メーカーの売りたいモノを「販売代理」することから、顧客が求めるものを必要なときに、必要な量を、適正価格で調達する「購買代理」へと変化していくとみられる。

組織については、リアルな世界とバーチャルな世界が結合し相互浸透していくが、今後は情報技術によってバーチャルな世界の比重が高まり、リアルな世界と一体化した仮想現実の世界が拡大していく。それとともに、リアルの世界の相対的重要性は高まる。情報技術利用による企業主導から顧客主導への移行のもとでの市場と企業（経営）との相互作用は、両者の垣根を次第に低くしていき、企業は、次第に「クローズ」から「オープン」へと変化していく。企業が一方的に顧客に情報発信する従前の方式から、企業が顧客の情報を商品開発・改良に反映し、両者が一体的に関係性を維持するだけではなく、顧客間の関係性をビジネス・モデルに組み込むことの重要性も高まっていく。[9] 関係性は、組織間のみならず、組織内の部門間、組織・個人間においても求められる。組織は、階層からネットワークへ次第に変わっていく。ただ、従来、階層型組織とネットワーク型組織を二分し、ネットワーク型へ単純に移行するという見解が支配的であった。しかし、今後の組織は、階層型を基盤に、ネットワーク型組織がそれに重なる形で補いつつ、徐々にネットワーク型組織の度合いを加えていき、将来といえども両者は相互に補いながら共存する。

情報技術が経営に大きな影響を与えるとするなら、経営を研究対象とする経営学もその影響を受けない筈はない。それは、これまでの経営学の原則の転換をもたらすものであろうか、それとも原則の転換までは及ばず、これまでの延長上の発展にとどまるものであろうか。この問いかけについてのわれわれの回答は、知識の時代（インターネット時代）が始まってまだ間もない段階での今後の予測であり、とりあえずの暫定的な見解となる。

これまでに、原則の転換を示唆する見解は、新古典派経済学者を中心に提唱されている。[10] 主な見解を列挙すると、①収穫逓増の原則、②一物多価、③「市場の失敗」の克服、④系列、メーンバンク制、長期雇用制度の消滅、⑤「中抜き」の原則、である。これら以外にも、⑥競争戦略の転換、⑦組織の境界の変化、⑧経営情報（システム）学の進展、などの問題がある。[11]

これらの問題のうち、①、②、③は、経済学との関連が強い。第一に、従来の経済学の原則には、収穫逓減の法則が支配的であった。しかし、情報技術革命により、はじめは容易に収穫が上がらないが、クリティカル・マスを超えると、雪だるま式に収穫が増える収穫逓増の原則が当てはまる分野が現れるようになってきた。今後は、収穫逓減の原則に加えて、収穫逓増の原則が適用できる分野が拡大していく。第二に、従来の経済学の原則では、需要と供給が交わるところで価格が決まり、同じ商品なら均衡価格で取引されるという一物一価の原則が支配的であったが、ＥＣによるオークション市場などでは需要側の都合で価格が変化し、一物一価の原則が当てはまらなくなってきた。第三に、「市場の失敗」は、取引コストが高いことにより市場が成立しないために発生したが、取引コストが下がったことで、市場経済の適用範囲がこれまでより高まり、「市場の失敗」のケースが減少する。[12]

以下において、経営学との関連が強い④、⑤を中心に述べる。⑤については、流通経路問題と中間管理職問題に分けて討議する。

(2)　経営学の課題

第一に、系列、メーンバンク制、長期雇用制度が消滅するといわれる。これらの制度は、日本的経営の代表例であるが、その存在意義は情報処理コストの節約からくるもので、コストが劇的に下がれば次第に消えていくとする。[13]

「中抜き」論は、情報処理コストの激減が経営に変化をもたらすということを主な論拠としている。そこでは、コースの企業の存在理由を問いかけた取引コストを援用している。[14] すなわち、市場経済において、取引コストは、組織の内部で調達するほうが外部から調達するより低い。そのために、企業が組織化され、規模の経済が追求される。そこで、情報技術を利用すれば内部で調達するよりも外部で調達する方が効率的になるので内部に組織を抱えるより外部調達が増えるとする。しかし、情報技術によって取引コストが低下するのは外部調達だけではない。同様に、それは、内部調達の低下ももたらす。したがって、この原則が当てはまるのは、外部調達が内部調達の取引コストを上回る分野についてである。

また、企業が外部から資源を調達するのは、取引コストのみによるものではない。市場が成長し、需要が生産能力を上回り不確実性が低い安定した経営環境のもとでは、企業は発展のために、資源の内部化、すなわちフルセット（自前）主義が効を奏した。企業は、多角化し資源の内部化によって発展したといえる。しかし、不確実性が高く、スピードが求められる経営環境のもとでは資源の内部化はリスクが高く、経営の機動性に欠け、逆に資源の外部化が有効になってくる。アウトソーシング、ネットワーク、バーチャル・コーポレーションが活発化してきたのは、取引コストの低下の他に、このような背景がある。

加えて、前述した中谷の劇的に下がるとする取引に関わる情報処理コストで扱う情報は、「不確実性の除去」としての情報を前提にしているとみられるが、一方「多義性の除去」としての情報が存在し、それが考慮されていない。不確実性は情報が欠けているときに生じるが、多義性（または曖昧性）は理解不足、または理解の混乱によって生じる。不確実性を除去するには、情報技術が効率的であるが、多義性を除去するには対面対話のようなコミュニケーションが向いている。[15]取引コストに、「多義性の除去」を考慮すると、外部調達が内部調達より低くなるかどうか不明である。

系列という制度が崩れるのは、技術が成熟し、部品の規格が定まり、社内で作るよりも安く、品質のよい部品を提供できる企業が多くなるという種々の条件が揃ったときであり、垂直統合から水平統合へと変化する。前述のように、コンピュータ産業ではこのような条件が揃い水平統合に変化したが、多くの他の産業に及ぶかどうかは疑問である。系列にエクストラネットを構築して、取引の継続を図っている産業も多い。このことは、メーンバンク制についても当てはまる。メーンバンク制が崩れるとすれば、その要因は情報技術による取引コストの影響によるとは考え難い。同様に、長期雇用制度の消滅について、賃金というコストを根拠にするが、人間はもとより物質的インセンティブのみで働くものではない。

第二に、「中抜き」については、売り手と買い手がワン・ツウ・ワンで直結する結果、既存の流通業者が「中抜き」されると主張される。中谷は、情報処理コストの劇的な低下による市場経済への影響について、次のように指摘している。[16]①取引が個人化（ワン・ツウ・ワン）する、②個人化が進む結果、取引がモノの売買から顧客が望むキメの細かいサービスに転換する。③売り手と買い手がワン・ツウ・ワンで直結する結果、既存の流通業者が「中抜き」される。

しかし、「中抜き」については、容易に無くなることはない。流通業者の少種多量の製造機能と多種少量の小売機能を結びつける中間流通機能を担っているのが日本の卸売業である。中間流通機能を果たせないで撤退を迫られる事業者もあるが、製造業者と小売業の両方の情報を持つ問屋はチャネルリーダとなって付加価値を生み出すことによって存続可能である。欧米で小売業が急速に発展したときには、それに対応する卸売業は存在せず、小売業が中間流通機能を担った。日本の問屋制度は、二つの役割があるといわれる。[17]一つは、多品種少量商品の在庫リスクを社会全体で負担するシステムであり、結果として品揃えを豊富にするという役割である。もう一つは、問屋制度の存在によって、零細事業者であっても小売業を営むことが可能となっている。もちろん、中間流通機能を果たせないで撤退を迫られる事業者もあるが、製造業者と小売業の両方の情報を併せ持つ問屋はチャネルリーダとなって付加価値を生み出すことによって存続可能である。

このことは、製造業についても当てはまる。部品、原材料の調達をインターネットで世界の市場に求め、もっとも安いものの購入が可能となるのは、ECの中で一部のものに過ぎない。部品の公募調達では、汎用部品に限られる。新製品・新機種の核になる部品は製品開発・生産上の機密が漏れる恐れがあるからである。また、新製品・新機種の開発、生産の時間を短縮するためにコンカレント・エンジニアリングが行なわれるが、その場合、企画、開発、生産準備、調達、生産プロセスの上流工程で、部品メーカーを選び、共同で開発が必要になる。その場合、品質を確保できることも重要で価格本位で調達先を決めることはできない。要は、ECがあらゆる産業、商品で進むとは考えられない。[18]企業間（B2B）についてはこれまでもEDIの実績があり、企業対個人（B2C）よりは進むとみられる。

第三に、「中抜き」は流通経路のみならず、企業の組織でのトップと一般担当者の間にいる中間層にも当てはまると主張される。[19]企業組織での中間層が上下の情報結節点の役割しか果たせない場合には不要であるが、今日、専門職やコーディネータ職に変わりつつあることからも中抜きは少ない。というのは、トップと第一線とは直結しても、階層は必ずしもフラットにはならない。情報はトップは第一線から発信される情報を直接受信することで経営を行なうには無理で、中間に情報を集約したり、纏めたりする中間層が新たに必要となるからである。

このことについては、前述の「多義性の除去」の面からも指摘できる。即ち、情報技術によって、中間層の「不確実性の除去」に関する調整が情報技術で置き換えられると、確かにその分だけ職務は減るが、職務の活動水準が一定であるのは短期間だけで、長期的には「多義性の除去」の調整活動が大幅に増える。「不確実性の除去」の情報システムは、競争相手にも模倣されやすく、そこからは差別化による競争優位は生まれない。したがって、企業は他者が模倣できない資源を基礎に戦略的行動を展開することになる。[20]

以上、新しい原則の中でも、主として経済学に関わる、①収穫逓増の原則、および②一物多価の原則については一部で起きており、③「市場の失敗」の克服についてもその機会は増える可能性がある。しかし、経営学に関わる、④系列、メーンバンク制、長期雇用制度の消滅、および⑤「中抜き」の原則については、部分的には当てはまることがあっても容易に実現しないだろう。というのは、④も⑤も、前述の取引コストを論拠にしているが、それらが起きるのは他の条件が一定の場合のみに妥当するからである。換言すれば、企業行動や人間の行動は伝統的な経済人モデルのようなコストの高低、すなわち経済的要因のみでは行動しない。経済学では取引コストや人件費などにみられるように、少ない変数を使って複雑な経済現象を説明するが、経営学から見るとそれは部分的には妥当しても全体には当てはまらず単純過ぎる。このことは、両者の性格の違いから来るものと解せられる。

同じ新古典派経済学者である伊藤によると、情報技術の市場経済への影響については異なる意見であり、その主張は示唆的である。[21] すなわち、産業革命にも匹敵するといわれるデジタル革命によって、経済の基本的なメカニズムに大きな変更があるが、それは「大量規格型製品を生産するマス」の市場から、「一人ひとりの個人をパーソナルな存在としてとらえる」取引の変化である。しかし、デジタル革命によって、市場経済のメカニズムが変化するのではなく、より先鋭化してくると主張する。要するに、経済原則の転換はないという主張である。この主張は、基本的には経営学にも援用できる。

ここで重要なことは、企業の外部から情報技術の本質に迫ろうとする経済学から投げかけられた命題に対して、徒に批判をすることではなく、企業の内部から情報技術の本質に迫り、両者に架橋し、統合することである。すなわち、経済学の限界を経営学で補完し、精緻化し、完成させていく作業こそ求められていると解したい。

(3)　経営学の対応

経営自体は、文明の始まりから行なわれていたが、それが認識され、分析され、調査され、教育され、公式されるようになったのはここ百年のことである。[22] 稲葉は、経営学の歴史を科学的管理法から事業戦略論まで、次の五つに分けている。[23] それらは、古典派的経営学、集団論的経営学、組織論的経営学、環境論的経営学、および戦略論的経営学である。情報技術革命がこれらの経営学の原則に大きな影響を与えることについては間違いないが、それが転換をもたらすかについてはそのようにはならないというのが、われわれの暫定的な回答である。というのは、情報技術の進歩は、汎用機→PC→インターネットと非連続性があるが、デジタル技術とネットワーク技術が持つ性質は変わらず、連続性を持っており、その影響は質的変化というよりも時空間におけるスピードと空間の広がりという量的変化と捉えられるからである。この性質は、汎用機時代と同質なもので、その影響はその後、加速したと捉えられ、経営のあらゆる分野に影響を与えるもののその萌芽は過去にあり、経営学には織り込み済みと言ってもよいだろう。

しかし、経営学の原則には大幅な転換はないとはいえ、修正・補完による発展が迫られている。例えば、組織（企業）間の相互依存が高まるにつれて、組織（企業）間関係論の重要性が高まりアライアンス（提携）は周辺的課題でなく中核的課題となってきている。[24] 更に、組織間関係は、企業間のみならず行政組織やNPOなどとのアライアンス（提携）が重要になる。

また、経営におけるスピード要請による変化の加速化と変化が常態化する中で、変革の経営が求められ、企業はその対応に追われている。変化と安定は相互に繰り返すというのが定説であるが、社会経済の近年の状況を見る限り、変化はあっても安定がないとみられるような様相を呈している。企業の経営計画のサイクルは短縮化しつつあり、企業は絶えず動く目標のもとで経営変化をどのようにマネジメントするかの必要性が高まっている。

加えて、働く人々が情報端末をとおして仕事をすることが多くの時間を占めるようになったときに、前述のＣＲＭにおける顧客の行動を詳細に分析できるように、それを人事管理に利用することもできる。「だれが」、「いつ」、「どこで」、「だれに」、あるいはどのようなデータベースに、「どのくらい（回数・時間）」アクセスしたかということも把握しようとすれば可能である。利用の如何ではオーウェルの小説『１９８４』で描かれた監視に近い状況も作り出すことができる。また、本来的には、情報処理能力（特に選択能力）が伴うなら情報量の増大は好ましい筈であるが、現実には情報量と処理能力のギャップは拡大している。[25] そして、スピードの加速が強まっており、絶えざる時間競争が、企業人に新たな人間疎外をもたらしつつある。これらの課題に人事管理はどう対応し、生産性の向上と従業員満足をどのように両立させるかが問われている。

五　おわりに

以上、経営情報システムのこれまでの変遷を辿るとともに、情報技術が経営に与える影響とそれがもたらす経営学への含意について取り上げた。そして、それが経営学の転換をもたらすまでには至っていないと結論づけた。ただ、情報技術の潜在力は極めて大きく、経済学の側からは、経済学と経営学にまたがる原則について変化を示唆する命題が投げかけられている。それは、経済学の限界を経営学でどう補完・完成させていくかという命題であり、両者の垣根を超えて学際的な研究による解決が求められているといえよう。

注

(1) 本稿では、言語や文字が用いられるようになって以来の情報に関する革命を情報革命といい、汎用機以後の革命を情報技術革命と言い、区分して扱っている。したがって、元の引用文献で必ずしもこのように区分されていない場合には、一部筆者が文脈により変更を加えた。
(2) Drucker, P.F., *The Age of Discontinuity*, Harper & Row, 1968.
(3) 斎藤および今井はともに情報技術革命を産業革命に匹敵するものと捉えている。斎藤精一郎「IT革命と21世紀の経済パラダイム」『インターコミュニケーション』Autumn No.34, 二〇〇〇年、三〇―三六頁。今井賢一「情報ネットワークとビジネス」『一橋ビジネスレビュー』WIN. 第四八巻三号、二〇〇〇年、四―二〇頁。
(4) 米倉誠一郎『経営革命の構造』岩波新書、一九九九年、一―七頁。
(5) Nolan, R.L., "Managing the Crisis in Data Processing," *Harvard Business Review*, Mar-Apr. 1979, pp.115-126.
(6) Shein, E., "Management Development as a Process of Influence," *Industrial Management Review*, 2, 1961, pp.59-77.
(7) Benbasat, I., Dexter, A.S., Drury, D.H. & G.C.Goldstein, "A Critique of the Stage Hypothesis: Theory and Empirical Evidence," *Communications of the ACM*, 27, 1984, pp.476-485. King, J.L. & K.L.Kraemer, "Evolution and Organization Information Systems: An Assesment of Nolan's Stage Model," *Communications of the ACM*, 27, 1984, pp.466-475.
(8) 島田達巳『情報技術と経営組織』日科技連、一九九一年、一九―二一頁。
(9) 国領二郎『オープン・アーキテクチャー戦略』ダイヤモンド社、一九九九年、一二九―一三二頁。
(10) 中谷　巌a『eエコノミーの衝撃』東洋経済新報社、二〇〇〇年。中谷　巌b「eエコノミーはマーケットの役割をどう変えるか」『一橋ビジネスレビュー』SUM.-AUT. 四八巻一―二合併号、一八―二八頁。竹中平蔵「デジタル革命と21世紀の日本社会」『デジタルエコノミー2001日本とアメリカ』フジタ未来経営研究所、二〇〇一年、三―一二頁。
(11) ⑥競争戦略の転換、⑦組織の境界の変化、および⑧経営情報（システム）学の進展については、日本経営学会第七五回大会（二〇〇一年九月七日）で統一論題「経営学における情報技術問題の変遷と展望」と題して筆者が報告した内容を参照されたい。
(12) 中谷b、前掲論文一八―二八頁。
(13) 中谷　巌「資本主義に大調整の波」『日本経済新聞』一九九九年、十一月八日付。
(14) Coase, R.H., "The Nature of the Firm," *Economica*, 4, 1937, pp.386-405.（宮沢健一・後藤　晃・藤垣芳文訳『企業・市場・法』東洋経済新報社、一九九二年、四一頁。）
(15) Daft, R. L. & R. H. Lengel, "Organizational Information Requirements, Media Richness and Structual Design," *Management Science*, 32 (5), 1986, pp.554-57. 桑田耕太郎「情報技術と組織デザイン」『組織科学』第二九巻、第一号、一九九五年、六六―七九頁。
(16) 中谷a、前掲書。中谷b、前掲論文。
(17) 松岡真宏「誤った「流通革命論」」『朝日新聞』二〇〇一年、三月三日付（夕刊）。

(18) 森谷正規『アメリカと違う日本のＩＴ革命』毎日新聞社、二〇〇〇年。森谷正規『ＩＴ革命の虚妄』文春新書、二〇〇一年、一〇七―一〇八頁。
(19) 中谷ａ、前掲書。中谷ｂ、前掲論文。
(20) Barney, J. B., "Strategic Factor Market," *Management Science,* Vol.32, No.10. 桑田耕太郎、前掲論文。
(21) 伊藤元重『デジタルな経済』日本経済新聞社、二〇〇一年、二四頁。
(22) Crainer, S., *The Management Century: A Critical Review of 21th Century Thought & Practice,* Booz・Allen & Hamilton Inc, 2000.（嶋口充輝監訳『マネジメントの世紀―1901-2000』東洋経済新報社、二〇〇〇年。）
(23) 稲葉元吉『コーポレート・ダイナミックス』白桃書房、二〇〇〇年、二五五―二七〇頁。
(24) 山倉健嗣「経営戦略と組織間関係論」『横浜国際開発研究』第四巻、第三号、九月、一九九九年、二七〇―二七七頁。
(25) Orwell, G., *Ninteen Eighty-Four,* A. M. Heah & Co., LTD, 1949.（新庄哲夫訳『一九八四年』早川書房、一九七二年。）

六　情報技術革命と経営および経営学
――島田達巳「経営情報システムの過去・現在・未来」をめぐって――

庭本佳和

一　情報技術革命がもたらすもの――島田報告の問題意識――

経営学史学会第九回大会は、「テイラーからＩＴへ――経営理論の発展か、転換か」という統一テーマのもとに議論が展開された。もとより、この統一テーマは、テイラーに始まったとされる経営理論が、急進展する情報通信技術（ＩＴ）の影響を受けて、「どのように吸収し発展するのか、あるいは理論的転換を迫られるのか」という問いかけを内包している。情報技術の発展や情報システムの展開に疎い経営学史研究者が、このような問いに答えることは極めて難しい。それだからこそ情報システム論の専門家に、この解答ないしヒントを託したのである。その招待報告の一つが、島田報告にほかならない。本稿はこれに対する当日の討論報告である。

島田によれば、経営情報システム学は「経営と情報技術との統合した領域を扱う」学問である。もっとも、情報技術の発展は、人、データ、手続きを含む経営情報システムの発展（島田の用語では「変遷」）をもたらすためか、経営情報システムの発展が経営や経営学にどのように影響を与えたかと問うのではなく、より直接的に情報技術が経営や経営学に与えた影響を問うている。つまり島田の問題意識ないし報告課題は以下の二つである。

今日、情報技術がもたらす社会経済の変革は、しばしば情報技術革命と称せられる。島田もまた「汎用コンピュータにパソコンが加わり、さらにインターネットが登場し、それらが重層的に使われ始めた今日、社会経済的な影響の広がりと深さは、正に革命的と呼ぶに値しよう」とこれを認めている。したがって、報告課題の第一は、情報技術革命を前提にして、「経営情報システムの変遷を辿りながら、それらがどのように革命まで繋がるようになってきたかを明らかにする」ことにある。すなわち経営情報システムの変遷に情報技術革命を確認することにある。報告課題の第二は、「経営に大きな影響を与えつつある情報技術の経営学への含意はどのようなものであるか」「それは経営学の発展を意味するのか、それとも転換を意味するのか」を確定することである。

ここで島田の用語法ないし定義を確認しておきたい。島田の場合、「情報技術革命」は情報技術の飛躍的発展という意味での「情報技術の革命」ではなく、社会経済に対する情報技術の影響力の革命的広がりと深さを指している。そうであれば、情報技術革命を認める以上、社会経済を形成する経営に情報技術が革命的影響を与えていることもまた当然の前提となる。情報技術革命には、そのことが既に含意されているはずだ。したがって、第二の報告課題は「情報技術革命は経営学の理論的転換をも含むか否かを吟味することだ」と言い換えることもできる。もし、経営学の転換まで含むのであれば、情報技術革命はまさに革命の名に値するだろう。

もっとも、島田のこの用語法にはいささかとまどいを覚える。細かなことだが、情報技術の影響の結果を含めて革命的であるとき、島田報告のサブタイトル「情報技術革命のもたらすもの」とは何を意味するのだろう。少なくとも討論者には「情報技術革命（＝情報技術の飛躍的発展）がもたらすもの」の方がわかりやすい。そのためではないにしても、島田もまた「情報技術の与える影響」という表現をしばしば用いている。

二　情報システムの発展段階モデルの検討
――組織同化型発展モデルの吟味と統合モデルの展開――

「経営情報システムが革命的変革を遂げたことを確認する」という第一の報告課題に答えるために、島田はノーランの組織同化型発展モデルとジョンシャーらのライフサイクル的発展モデルの吟味を通して、自らの統合モデルの展開を試みている。この試みが報告課題に答えるものであるかどうかが、ここでの問題である。

1　組織同化型発展モデル批判の妥当性

アメリカでようやくコンピュータが普及し始めた一九五〇年代の終わりに、H・J・リービットとT・L・ウィスラーはハーバード・ビジネス・レビューに掲載した論文「一九八〇年代の経営」（一九五八）(1)で、コンピュータによるミドル・マネジメントの終焉という管理組織の衝撃的変化を予測した。それ以来、技術進歩に基づくコンピュータ利用の高度化、革命的組織変化を予測することが一般的になった。たとえば、サイモンは一九六〇年に定型的意思決定のオートメーション化が現出しつつあるという認識の下に「定型的意思決定革命」を時、二〇年後には非定型的意思決定に対する第二の革命を予想した。それはトップやミドルの中核的機能をなす非定型的意思決定のオートメーションの可能性と組織改編の確信である。(2)これに対するデアディンの反論（一九六四）(3)やディーボルトの予測（一九六九）(4)を含めて、予測が技術ベースに傾いていたことは否めない。これを経営主体の側に視点を据え直して論じたのが、今では古典になったR・L・ノーランとC・R・ギブソンの情報システム発展四段階仮説（初期、拡張期、整形期、成熟期）（一九七四）(5)である。

この発展四段階仮説は、企業のコンピュータ利用の位置とスキームを得ることができるため、多くの論者に引用された。ノーラン自身は四段階説の基本的妥当性を認めつつも、その後、・初期、・普及、・統制、・統合、・データ管理、・成熟、の六段階説に修正している。[6] この説は、島田も指摘するように「S字型費用曲線と組織学習とを関連づけるところに特色」があった。この指摘を島田自身はどの程度汲み取ったのだろうか。ノーランの主張に対する島田の次のような批判が、これを物語っている。

(1)他の論者も指摘しているように、S字型カーブや各段階でのベンチマークが実証的に裏付けられていない。

(2)複数の段階を同時に併せ持つ大企業には当てはめ難い。

(3)新技術の予見が困難なため、インターネット登場による波及をカバーできず、次第に顧みられなくなった。

(1)の批判については、ノーランの組織同化型発展段階説は、実証的というより理念型モデルの説明力を狙ったものであり、この批判は必ずしも妥当しない（もっとも、当日、島田は「解釈が違う」と反論）。(2)については、複数段階を同時に併せ持つのは、どちらかといえば後発的な企業であり、情報技術利用の先進的な企業には妥当するのではないだろうか（報告当日、島田は「必ずしもそうではない」と反論）。汎用コンピュータを先駆けて利用した企業にパソコンが導入（OA化といわれた）されたときや通信利用が開始されたときなどのように、既存技術の習熟・利用段階と新技術の習熟・利用段階が異なることを、S字カーブでノーランは示そうとしたと思われる。(3)の技術予見は、どのようなモデルにも難しく、たとえば島田の統合モデルでも後知恵的であることは否めない。島田が批判するように同化モデルの示唆するものが、本当に顧みられなくなったのだろうか。

既に示唆したように、ノーランの貴重な論点は、情報処理の高度化には技術進歩もさることながら、経営の主体的な力量、つまり組織学習による経験や知識の蓄積と管理の重要性を示したところにある。そこに、コンピュータ管理からデータ管理への管理重点の移行も認識され、組織スラックと統制の最適バランスという発想も生まれたはずである。ノーラン＝ギブソンの主張を、いわゆるOA領域に適用したM・D・ジスマンも、一応これを理

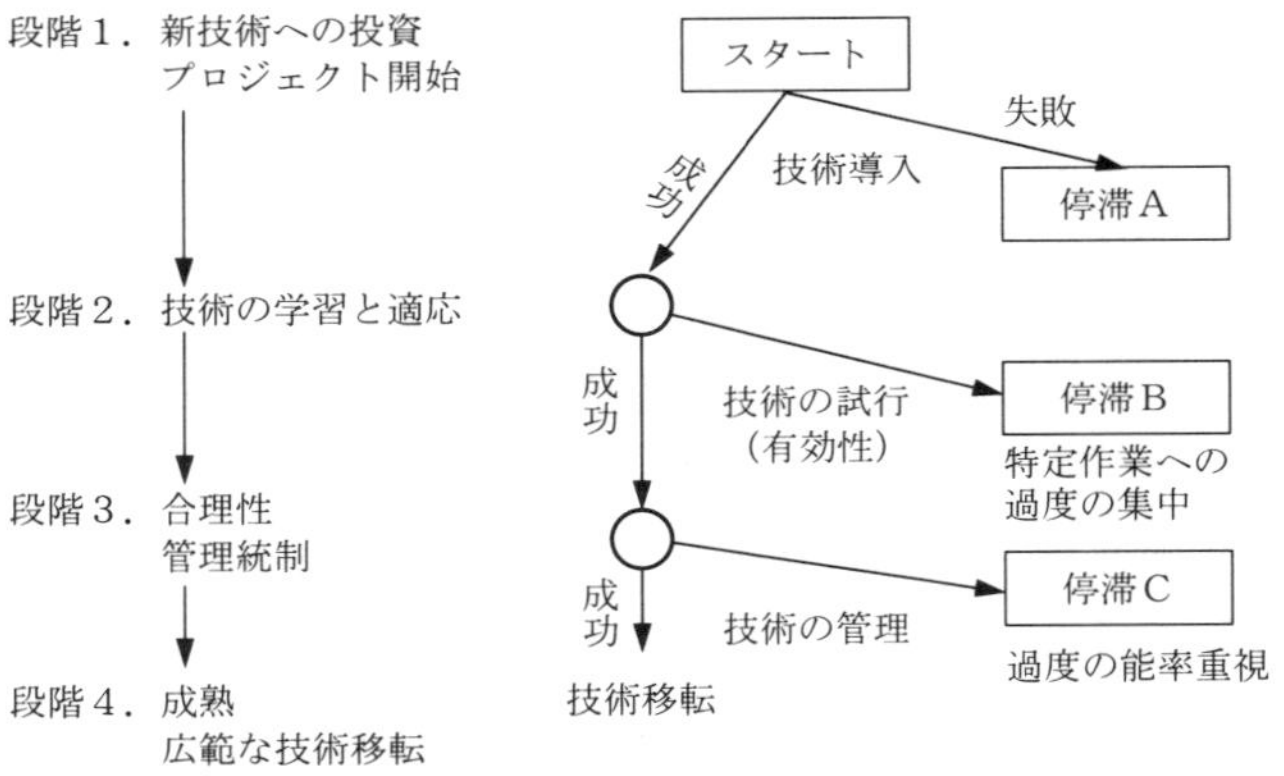

解していた。(7) ただ、ジスマン自身が段階仮説の意義を何よりも機械化とオートメーション化の識別に求めていたこともあって、ジスマンを引用するOA関連文献の多くはこの点が希薄になっていた。それは経営学的視点、組織論的視点が欠如していたからだ。段階仮説の問うたものは、技術一般の発展段階ではなく、技術を同化する組織能力と管理の枠組であったことを忘れてはならないだろう。

やや問題を異にするが、この点を明確に認識して論を展開したのがマクファーランたちである（一九八四）。(8) 彼らは組織学習と管理の視点から発展段階論を捉え、四段階を⑴投資ないしプロジェクトの開始、⑵技術の学習と適応、⑶管理統制、⑷広範な技術移転、と性格づける（図）。第一段階、特に第二段階では当初の予定を超えて技術の有効利用を探る学習が重要である。特定業務への利用に集中して学習効果が得られないと失敗に陥る。第三段階では技術利用の継続的発展（有効性）以上に、コスト効率が重要になろう。技術拡散の後に統制にウェイトが置かれる。第四段階は全社的技術移転である。このような段階仮説に照らせば、情報処理を構成するデータ処理、文書処理、通信的統合は、それぞれの導入期では異なった段階にあったとしても不思議ではない。組織同化の発展段階説は、この点を強調したものだ。利用技術が熟成した今日だからこそ、同時に進行するに違いない。

２　統合型発展モデル（島田）の展開

島田は情報技術の組織同化型モデルに続いて、情報革命と連動したモデルとしてライフサイクル的な発展段階モデルも検討しているが、紙面の関係もあり省略する（単に討論者の取り扱い能力を超えるからかもしれない）。いずれにしても、これらを超えるものとして、島田の統合型発展モデルは展開されている。ただ、注意しなければならないのは、組織の主体的な力量ではなく、島田自身が明言するように「情報技術の発展をベースに発展段階の各段階を画する特徴的な変数を選んで統合的に捉えるアプローチを取」っていることだ。

その場合、情報技術の初期から近未来を視野に入れて、次のような三つの段階を設定している。島田によれば、第一段階は一九五〇年代後半に始まる「データの時代」、第二段階は一九七〇年代に始まる「情報の時代」、そして第三段階は一九九〇年代から始まる「知識の時代」である。それぞれの時代を目的、情報形態、意思決定、情報処理、情報空間、手段、主導概念から特徴づける図表を掲げている（図表は島田報告論文を参照のこと）。

この島田の統合型発展モデル（特に図表）は次のように評価できるだろう。

⑴統合型発展モデルは、現時点での情報技術、経営情報システムの状況、経営（組織）理論の動向をすべて視野に納めて展開されており、極めて総合的である。

⑵一覧性という点でも優れており、大変わかりやすい。

⑶時期、目的、情報形態、意思決定、処理方式、情報空間、手段、主導概念からの分類も行き届いている。内容的貼り付けも、一応、妥当である。

しかし、同時に次のような問題点をはらんでいる。

⑴データの時代、情報の時代、知識の時代という時代区分は、一般的（世間的）説明力をもっていると思われるが、理論的にはおよそ厳密ではない。また、このような区分が可能だとしても、それは情報技術の発展を

ベースにするにとどまらず、組織の主体的力量と深くかかわっているはずだ。

(2)データ、情報、知識の定義がはっきりしない。これらは情報技術と密接に結びつく概念とはいえ、特に情報や知識はコンピュータを必ずしも伴わない概念である。当然、データの時代にも情報も知識も存在し、活用されていたし、情報の時代にも知識は存在し、活用されていた。そのため、(1)の時代区分の曖昧さが生じるのだろう。

(3)この統合型モデルは、そもそも何と何と統合なのか、まったくわからない。「総合」いう言葉と「統合」という言葉が混同されているのだろうか。

(4)そのためか、統合型モデルの統合原理ないし統合視点が全然見えてこず、不明確である。

(5)最後に一番の問題点は、この統合型モデルの展開によって、「経営情報システムの変遷に情報技術革命が確認できたのか」という疑問が生じることだ。データの時代から情報の時代への移行も、情報の時代から知識の時代への移行も、それぞれ情報技術利用ないし影響力の質の違いを特徴づけているものと思われる。おそらく、一九九〇年代以降の知識の時代が情報技術革命の時代だと特徴づけられるのであろうが、情報技術の進展の様相が論じられている以外に、「ネットワークによる情報資源の共有が可能なことから協働のための知識管理の重要性が高まりつつある」という主張しかない。これだけでは、情報技術革命を理論的に確認できたと思えないが、論を進めるために、ひとまず情報技術革命が確認できたとしておこう。

三　情報技術革命と経営および経営学

1　情報技術が経営に与えた影響

島田は経営情報システム論の専門家だけあって、情報技術が経営に与えた影響については、さすがに詳しい。また要領よく図表化している（島田の報告論文を参照）。経営の変化を情報技術革命が顕著となったと思われる一九九〇年代半ばを境にして、「これまで（一九九〇年代半ばまで）」と「これから（一九九〇年代半ば以降）」とに分けて論じていて、わかりやすい。これをまとめると、「これまで、経営体はリアルでクローズドな階層組織を前提に、所有データや情報を用いて、マスマーケットでコンシューマに対する販売代理を行ってきたが、これからの経営体はバーチャルでオープンなネットワーク組織のもとに、プロシューマや個客に対して購買代理機能も担うのだ」というものである。

確かに、このような経営体の変化は、革命的である。経営に情報技術革命を見る島田の主張は説得力がある。しかし、論理展開には荒さも目立つ。次のような点はいま少し詰めておく必要があるだろう。

実務の世界で一般的であったこと、学問（経営学）の世界で一般化したこと、情報技術の発展により可能になったことは、区別するべきである。たとえば、島田が「情報技術が進歩するにつれ、人の認知能力の限界による希少資源性が増す。すなわち、情報技術中心の形式的情報や知識だけでなく、それらを評価・解釈する人間中心の暗黙知や意味情報を密接に関連付けて全体として管理することの重要性が高まる」と語るとき、「情報技術の進歩が暗黙知や意味情報の重要性を浮上させた」という理解を見て取れる。これは事実誤認というべきだ。

情報とはもともと意味情報が一般的であった。情報技術の進歩が形式情報を発展させ、それが情報概念として定着したにすぎない。行動知や身体知からなる暗黙知にしても、実務の世界ではもともと大きな位置を占めていた。これを排除してきた学問の世界の知識観に妨げられて、実務家自身が自らの行動知の世界を認識しなかっただけである。実務家・バーナードは、従来の科学観、知識観に囚われることなく、行動知や身体知からなる暗黙知の世界を、早くも一九三〇年代に描いてみせた。(9) 暗黙知で有名なポラニーの著作(10)の二〇年前である。バーナード研究者の一部に知られていた暗黙知は、主流派経営学者（野中）によって組織的知識創造理論[11]の中核概念に据えられ、九〇年代に普及し、実務界にも定着した。情報技術革命の進行と時を同じくしたにすぎない。「ナレッジ・マネジメント」ブームに結びついて、暗黙知ないし暗黙的情報概念が浸透しただけだ。ちなみに経営情報論者でいち早く暗黙知の重要性に気づいたのは、阿辻茂夫（一九八五[12]）だと思われる。これは、情報技術の進展からではなく、組織論文献（一九八三[13]）からの影響であったことを指摘しておこう。

組織についても同じである。構造的組織観に立つから、組織はリアルで、クローズドで、階層的にしか理解できない。しかし、バーナードのように、調整された活動の連結と捉えれば（活動的組織観）、組織はバーチャルでオープンなネットワークでもありえる。そもそも、顧客をトフラーのプロシュマー（一九八〇[14]）にも通じる組織貢献者と理解したところに、このような組織認識も生れたといえる。もちろん、情報技術の発展と経営への影響がバーナード的組織観や顧客観を促進させたことは、間違いない。

おそらく紙面の制約からだろうが、島田がデータや情報を所有と、知識を活用に結びつけて分類し、説明していることも気にかかる。定義にもよるが、情報もまた活用を前提にした概念だ。わかりやすさや訴えやすさを求めて、余りにも説明を単純化している。確かに、これまでは経営資源（知識）を所有して活用したのに対して、これからは所有していない経営資源の活用が、経営体の勝負を決めることが多くなるに違いない。しかし、自ら創造し蓄積し、所有している知識があってはじめて、所有していない知識、ネットワークを介した他者の知識の活用力ができることを見逃してはならないだろう。これからも優れた知識を創造し所有することもまた重要なのだ。コア・コンピタンス論[15]や戦略的提携の現実が、このことをよく示している。

2　経営学への問いかけと課題

「情報技術が経営に大きな影響を与えるとするなら、経営を研究対象とする経営学もその影響を受けないはずはない」という認識のもとに、島田は第二の報告課題に進んで行く。これまでの論述で、島田は経営情報システムの変遷に情報技術革命を確認し、しかも経営実践における情報技術の革命的影響を見てきたのであるから、経営学も理論的転換を遂げるると主張するのが、論の当然の帰結のはずだ。しかし、この点の島田の展開は極めてわかりにくい。なぜなら島田が「経営学への問いかけ」で問うていることは、経済学を絡めて論じたからか、本来、「情報技術が経営に与えた影響」で論じるべき事柄だからである。しかも、論旨が逆転しているからだ。

たとえば、日本的経営システムの根幹をなす系列、メーンバンク制、終身雇用制度に関して、島田は次のように述べている。外部調達や系列を超えた調達は、取引コストのみならず、スピード経営の実現やリスク回避からも進展するし、情報技術の影響も大きいが、すべての産業に妥当するかどうかには疑問を呈している。もしメーンバンク制が崩壊するとしても情報技術のためではない。また終身雇用もコア部分は残ると考えているようだ。ただ、島田はこれを物質的インセンティブ以外の重要性から説明しようとしているが、むしろ長期雇用が組織における知識の蓄積・伝承・活用に深くかかわっているからだろう。このこともまた組織における知識所有の重要性を示唆している。さらに島田は、組織間、組織内の「中抜き」も、付加価値を生み出したり、情報解釈や知識の集約の観点から、容易に生じないという。ここにも学習を基礎にした組織能力や経営の主体性が現れるはずだ。この認識がないままの島田の主張は意味を半減させる。

もっとも、島田のこの主張に特に異論はないが、このような経営理解であれば、「情報技術革命が経営学の転換をもたらすことはない」という結論自体に驚きはしない。しかし、結論を根拠づける「情報技術の進歩は、汎用コンピュータ→パソコン→インターネットと非連続であるが、デジタル技術とネットワーク技術がもつ性質は変わらず、連続性をもっており、その影響は質的変化というよりも時空間におけるスピードと空間の広がりという量的変化と捉えられるからである。この性質は、汎用コンピュータ時代と同質のもので、その影響はその後、加速したと捉えられ、経営のあらゆる分野に影響を与えるもののその萌芽は過去にあり、経営学には折り込み済みと言ってもよいだろう」という補足的説明には、次の(1)(2)のような理由で強い違和感を覚える。(3)も加えておこう。

(1)情報技術の発展が量的変化にすぎず、その影響も質的変化というより量的変化だということを根拠に、この結論を導き出すとき、経営情報システムの変遷における「データの時代、情報の時代から知識の時代へ」の時代区分も、質的変化ではなく、量的変化によってなされているのか。技術的にはたとえ量的変化でも、その社会的・経営的影響が質的変化をもたらさなければ、島田の意味する「情報技術革命」でないはずだ。「革命」の語感からは「質的変化」がイメージされるし、少なくとも「統合型発展モデルの展開」や「情報技術が経営に与えた影響」で質的違いが強調されている。その意味で、島田の報告展開は首尾一貫性を欠いていると言わざるを得ない。

(2)バーナード理論には折り込み済みであっても、経営理論一般は、自らを理論的に成り立たせている組織概念や時に組織の境界理解の根本的転換を迫る情報技術の影響まで必ずしも折り込み済みではない。ネットワークを組織概念で捉えるには、組織観、システム観（たとえばオートポイエティクな視点の導入）の転換が必要であり、おそらく科学観の転換まで伴うはずだ。

(3)近代科学に基礎を置く形式知のみならず、暗黙知をも知識と認めて重視するとき、知識観の革新・転換にほかならず、経営学は単なる補完や修正で済むのだろうか。なぜなら、知識観と科学観は表裏一体だからである。知識観の転換は、当然、科学観の転換を伴うが、依拠する科学観の転換以上に学問的転換はないはずだ。近代科学観に依拠した近代経営学、主流派経営学は、このことに無自覚なまま暗黙知を持ち込んだだが、島田もこのことを認識していないように思われる。暗黙知概念を導入しただけで、自ら創出したのではないから、科学観の転換を意識せずに済んでいることを忘れてはならない。

最後に、本論からいささか横道にはずれるかもしれないが、情報化、グローバル化、エコロジカル化（地球環境問題）を軸にした大きな社会変動に直面してなお、補完的発展で済むとしたら、経営学はいつ学問的転換を遂げて大きく発展できるのだろうか。

注

（1）Leavitt, H. J. & Whisler, T. L., "Management in the 1980s," *Harvard Business Review*, November-December 1958, pp.41-48.

（2）Simon, H. A., *The New Science of Management Decision*, Harper & Raw, 1960, pp.20-21, pp.32-35, pp.40-50.

（3）Deaden, J., "Can Management Information Be Automated?" *Harvard Business Review*, March-April 1964, pp.128-135.

（4）Diebold, J., "Bad Decisions on Computer Use," *Harvard Business Review*, January-February 1969, pp.14-28.

（5）Nolan, R. L. & Gibson, C. R., "Managing the Four Stage of EDP Growth," *Harvard Business Review*, January-February 1974, p.76.

（6）Nolan, R. L., "Managing the Crisis in Data Processing," *Harvard Business Review*, March-April 1979, pp.115-126.

（7）ジスマン・M・D、日本経営科学研究所訳「オフィス・オートメーション：革命的変化か、漸進的進歩か?」『Computer Report』一九七八年、二八―二九頁。

（8）Cash, Jr. J. I., McFarlan, F. W. & Mckenney, J. L., *Corporate Information Systems Management*, Irwin, 1983, p.3, pp.29-31, pp.78-82, pp.212-215.

（9）Barnard, C. I., *The Functions of the Executive*, Harvard University Press, 1938.（山本・田杉・飯野訳『経営者の役割』ダイヤモンド社、一九六八年。）これに関しては、主著に先立つ一九三六年論文に顕著である（『経営者の哲学』文眞堂、第五章として所収）。

（10）Polanyi, M., *Personal Knowledge*, Chicago University Press, 1958.（長尾史郎訳『個人的知識』ハーベスト社、一九八五年。）
Polanyi, M., *The Tacit Dimension*, Routledge & Kegan Paul, 1966.（佐藤敬三訳『暗黙知の次元』紀伊國屋書店、一九八〇年。）

（11）野中郁次郎『知識創造の経営』日本経済新聞社、一九九〇年。
野中郁次郎・竹内弘高『知識創造企業』東洋経済新報社、一九九六年（原書一九九五年）。

（12）阿辻茂夫「管理の情報理論」『龍谷大学経済経営論集』一八号、一九八五年。

（13）庭本佳和「近代科学論を超えて――バーナードの方法」『大阪商業大学論集』第六六号、一九八三年。

（14）トフラー、アルビン・徳山二郎監修／鈴木健次・桜井元雄他訳『第三の波』日本放送出版協会、一九八〇年、第二〇章。

（15）ハメル・C＝プラハラード・C・K、一條和生訳『コア・コンピタンス』日本経済新聞社、一九九五年。

Ⅱ　論　攷

七　クラウゼウィッツのマネジメント論における理論と実践

鎌田伸一

一　マネジメント現象とマネジメント論

社会現象としてのマネジメントは、主体がその意志・意図を達成するねらいを持って、他の主体に作用する現象と捉えることができよう。このようなマネジメント現象は、あらゆる社会の存続、秩序維持にとり、普遍的かつ致命的重要性を持っている。ある意味で人類の歴史は、このようなマネジメント現象に関わって発生する具体的問題や課題に対する知的格闘の歴史に他ならない。

マネジメント思想の歴史を展望したクロード・ジョージによれば、カール・フォン・クラウゼウィッツの考察は、フレデリック・テイラーの問題意識を先取りするものであると指摘している。（ジョージ、一九七二年、七四頁）すなわち、経験則ではなく科学的思考に基づく意思決定、直観ではなく分析に基づく組織運営を取り上げた点で、大規模組織のマネジメント現象に関する先行的な理論的考察であるということができる。

経営学が対象とする近代的企業の出現と近代的軍隊の出現は、ともにその背景として産業社会の展開という時代を共有し、ともに近代資本主義が産み出したものであるとすれば、両者の間の密接な関連性は、ある意味で当然のことと言える。

ヴェルナー・ゾンバルトの指摘によれば、ヨーロッパにおいては十八世紀初頭には軍隊の在り方が、十五世紀と根本的に異なるものになってきた。近代的軍隊の出現が資本主義経済の諸条件を充足し、大量需要を喚起し、資本主義の発展を促進したのである。近代的軍隊とは、常備軍であり、国家の所有する軍隊になったということである。いいかえれば、軍隊の設立維持に必要な資源が国家によって調達されるということであり、継続的に存続を可能にするように国家のコントロールの下に置かれるようになったということである。この結果、国家権力の大きさが軍の兵力に依存するようになり、国家の拡張化の傾向とともに軍隊は大規模化を志向するようになってきたのである（ゾンバルト、一九一三年）。

いいかえれば、近代的軍隊は大規模な集合的存在として、戦術的に統一された多数の兵士による斉一的な行動によりその効果を得ようとする。この効果の達成は、軍隊を大規模にすることでさらに促進される。また逆に軍隊の大規模化は、戦術的統一性や斉一性を確保することの必要性を増大させる。以上のことからわかるように、近代的軍隊は軍事組織として扱われることになり、マネジメント現象の先行的なモデルを提供してきたのである。組織科学に対する軍事組織の貢献は、マネジメント論に対する最大の遺産である（ジョージ、一九七二年、二三頁）といわれる所以である。

本稿の目的は、クラウゼウィッツの考察を、マネジメント論という観点から着目することにある。彼は、「戦争論」（一八三二―三四）において、大規模な戦争遂行に関する理論、すなわち戦略に関する理論的かつ体系的な考察を試みた。このようなクラウゼウィッツの考察を、マネジメント現象に関する理論的考察、すなわちマネジメント論（management theory）の観点から、その方法論の独自性をあきらかにすることに本稿のねらいがある。

マネジメント現象に関わる基本的問題は、主体（あるいは主体としての組織）が不確実性を処理しなければならないということ、具体的には、綿密な分析と、計画・コントロールによる調整によって不確実性を最少化するという課題である。

このような課題に対するクラウゼウィッツの方法論の独自性は、理論と現実、いいかえれば認識的側面と効用的・実践的側面を橋渡しするような理論的考察を行ったことにあるといえよう。そして、その具体的手法は、「摩擦」概念を創出することにより、機会主義的偶然性（チャンス）を、理論的分析の下に組み入れようとしたことにある。このことにより、観察・歴史的解釈と論理的考察の間の永続的な対話が可能になるのである。

二　社会現象としての戦争をどのように捉えるか

対象とすべき社会現象としての戦争を、クラウゼウィッツはどのように捉えているのだろうか。彼の戦争のイメージの中心は、方法論的個別主義の視点から、一組の戦闘者によって行われる決闘に着目する。社会現象としての戦争は、大規模な決闘ととらえることができる。すなわち、一組の戦闘者によって行われる決闘の無数の集合から構成される、拡大された決闘なのである。このような視点から、全体としての戦争は、その特性として以下のように理解される（クラウゼウィッツ、第一編第一章）。

戦争においては、物理的な力の行使を手段として、他者に自己の意思に従わせようとすることを直接の目的とする。このような、互いに他者を自己の意思のコントロールの下におこうとする競合は、論理的帰結として、極限的な在り方まで行き着かざるを得ない。中途半端な取り組みでは、その目的を達成することはできず、相互作用・意思の対称性により、逆にいつ他者からその意思を強要される立場に置かれるかわからないからである。

従って、双方が互いに他者に超越しようとする意思を持った競合は、互いに他者を無抵抗状態、具体的には無力あるいは武装解除の状態にすることを目指すことになる。

手段としての力、あるいは抵抗力は、用いることのできる総和としての手段（経営資源の量）と、意思の強さによって規定されるから、このことの帰結として、相互に、これらの点に関して、他者よりも大きく、強くなろうとする競合にならざるを得ないのである。

以上のように、社会現象としての戦争は、競合という相互作用の特性上、一旦開始されたなら、互いに他者を自己の意思のコントロールの下におこうとする競合、互いに他者を無抵抗にしようとする競合、そして互いに他者よりも優越しようとする競合において、行き着くところまで行かざるを得ないのである。いいかえれば、論理的帰結として、戦争という社会現象は、極限的な在り方・極端な状態を志向せざるを得ないのである。

しかし、実際には、そこにさまざまな現実的制約要因が作用してくる。極限的、抽象的・論理の世界と、現実の世界の間には、大きなギャップが存在する。

三　二つの種類の戦争

社会現象としての戦争は、多様な在り方をとるが、大きく二つの種類に区別することができる。その一つは、その目的が敵の撃滅であり、政治的に無力化し、軍事的に無抵抗化することで、望みどおりの講和を受け容れさせることにある場合である。もう一つは、国境付近の一部の領土を占領することのみを目的とするものであり、これによってそれを併合したり、あるいは平和交渉の切り札とするものである。これら二つのタイプの間には、さまざまな中間段階を見ることができるが、これら二つのタイプが根本的に異なるものであることが強調される。

クラウゼヴィッツは、前者を絶対的戦争、後者を現実の戦争と識別しているが（クラウゼヴィッツ、第八編第二章）、現代においては、全面戦争と制限戦争という用語の方がイメージをつかみやすいかもしれない。

このような識別は、現実の戦争に、二つの極端なタイプが存在するというよりも、むしろ抽象的・観念的戦争と実際の戦争、という図式の思考を提示しているようである。すなわち、クラウゼヴィッツによれば、戦争は二つの異なった方法で考えることができる。絶対的形式とその一つの派生である現実的形式という二つの概念である。

絶対的形式においては、あらゆることが必然的原因から生じ、一つの行為は直ちに他者に影響する。社会現象としての戦争の本質は、相互作用のダイナミックなプロセスだからである。戦争は分割し得ない総体であり、その構成部分（個々の勝利）は全体との関係においてのみ価値を持つ。

このような極端な見方に対して、もう一方の極として、個々の成果は相互に関連なく、別々の成果の集合として戦争を捉える見方がある。いくつかのゲームから成る試合のようなものである。ここでは、前のゲームは、後のゲームに影響することはない。重要なのは、トータルのスコアであり、個々の結果は、この最終的な総和に貢献するのである。

戦争に関する第一の見方は、対象の特性そのものがその妥当性の根拠であり、第二の見方は現実の歴史にその妥当性の根拠がある（クラウゼヴィッツ、第八編三章）。前者は、戦争という現象に固有の内在論理から戦争を捉えようとするものであり、後者はそれが現実の諸要因のなかで歪められ、妥協した結果として現れたもの、すなわち現実の戦争ということになる。「絶対的」という用語と対にするなら「限定的・部分的」という用語を、また「現実の」という形容詞と対にするなら「抽象的・観念的」という用語を用いた方が鮮明になるようにおもえる。

四　摩擦の概念

現実の戦争と観念的（机上の）戦争を結びつけるために、クラウゼウィッツは物理学の摩擦の概念を援用する（クラウゼウィッツ、第一編第七章）。戦争においては、あらゆる事が単純である事を求められる。しかし、最も単純なことこそ、その達成には多くの困難さを孕むことになる。このような困難さは、経験したものにしか想起しえないものであり、これが積み重なると、ある種の摩擦が生じることになる。すなわち、一見、容易そうに見えるものを実際には困難にしているもの、いいかえれば、現実の戦争と机上の戦争とを識別し、両者の間に介在しているものを摩擦という概念で捉えようとするのである。

軍事組織は、しばしば組織のマシーン・モデルの例として取り上げられる。軍事組織は、一般に単純な組織形態をとり、一元的な指揮・運用が容易と考えられる。しかし、軍事組織といえども、構成メンバーが常に歯車のように機能するわけではない。この歯車には常に、危険、モラル、スキルや身体能力の限界といったある種の摩擦がつきまとっている。

理屈の上では、指揮官は、経験豊かな能力を備え自己の命令を完遂させることが求められ、規律が組織を一つに纏め上げていることが期待される。いわば最小の摩擦で旋回軸が回転するようなものと言えるかもしれない。しかし実際は、これとは異なる。あらゆる錯誤や誇張が戦争では直ちに露わになる。いうまでもなく組織は個々人から構成されており、重要とは思われないような一人の構成メンバーの行為が、物事を遅延させたり、全体としての組織を誤った方向へと導くことにもなりうる。このような摩擦は、あらゆる処に存在し、機会主義的要因と結び付いて、最終的に思いもしなかったような現象をもたらすのである。

一般に、現実においては、事前に予測し得なかった多数の小さな出来事が発生する。そして、それらが結び付くことにより、結果として、当初意図したパフォーマンスのレベルと大きく異なることになる。いわゆる、意図的行為の、意図せざる帰結である。この両者の間に存在する不確実性を、クラウゼウィッツは摩擦と呼ぶのである。

組織が直面する不確実性に対処することは、まさにマネジメント現象の本質である（トンプソン、一九六七年）。クラウゼウィッツは、このような不確実性を除去し、さまざまな障害を克服するのは、卓越した将帥の強固な意志と稀有な精神的特性であるとしている。いずれにしてもクラウゼウィッツは、理論的モデルと実践を乖離させるもの、いいかえれば戦争という社会現象を取り巻き、そこにおいて諸活動を阻害し、制約要因となるような危険、身体的困難さの克服、情報の不足などを、摩擦という概念によって包括的に一般化しているといえよう。

しかし、クラウゼウィッツは摩擦という概念を、摩擦それ自体を理解する目的で取り上げているのではない。除去しうる摩擦、あるいは克服しうる摩擦を識別し、それらを除去、克服するためにこそ、摩擦を認識する必要がある。いうまでもなく、個々の現象はそれぞれの個別性を備えている。摩擦について的確な認識が出来ないことこそが、最大の摩擦の源泉ともいえよう。

五　理論と実践

クラウゼウィッツの考察のねらいは、戦争という巨大な社会現象の本質を明らかにし、現象間の関係ならびにその構成要素とそれらの間の関係を明らかにしようとすることにあった（クラウゼウィッツ、著者による序文）。いうまでもなく、このような大規模な社会現象には無数の要因が関係しており、それらの相互の重み付けも異なる。原因となる要因と結果となる要因の間には、ほとんど無限ともいえる距離が存在し、これらは無数ともいえる方法で結び付いている。

理論の機能は、これら全てを明確かつ包括的、体系的に秩序だて、個々の行為の適切かつ必然的理由を跡付けようと試みることにある（第八編第一章）。しかし、このことを完璧にやろうとすれば、ペダンティックな世界に陥ることになる。クラウゼウィッツは、このようなことを意図したわけでもなく、実際に可能なことでもない。論理の精妙さそれ自体は、現実の世界では必ずしも意味を持つわけではないからである。

マネジメント現象にかかわる実践という観点からすれば、戦争という社会現象にかかわる全ての物事を単純化して捉える（見る）能力が必要となってくる。理論は、すべての現象をその射程に入れようとするが、実践においては、重要なこととそうでないことを区別する洞察力が不可欠になってくる。ここで、知的活動は、厳密科学の論理と数学の領域から一歩踏み出さなければならない。そして、広い意味でのアートの世界に足を踏み入れることになる（クラウゼウィッツ、第八編第三章）。

これは、言いかえれば判断力の行使によって、膨大な事実ならびにそれにによって構成される状況の中から、最も重要かつ決定的な要素を見出す能力、あるいは洞察する力といえる。疑いもなく、このような判断力は、すべての要因や関連状況を直感的に比較し、直接関係のないものや二次的要因をすばやく排除して、最も致命的かつ重要なポイントを識別することであり、このことを、厳密な論理的推論による手続きより手早く行うことに他ならない。

本質的なこととそうでないことを識別するためにも、まず概念が必要となる。そして、それらが結び付くパターン、あるいはルール（原則）を明らかにする必要がある。錯綜しもつれ合っている概念やアイディアを整理し、用語や概念を明確に規定しない限り、問題とする対象を明確に考察することが出来ないからである。

しかし、理論は、問題解決の公式を提供するわけではない。また、原則の裏付けによって示される唯一の解決策として辿りうる限定されたルートを示すものでもない。そうではなく、理論は精神に対して、現象の大きな集合ならびにそれらの関係に関して、本質的な洞察を可能にするものである。そして、実践にかかわる者が、より高次の行為の領域に昇る自由をもたらすものなのである（クラウゼウィッツ、第八編第一章）。

精神の自由が不可欠なのは、戦争という社会現象の性質から出てくる。このことを、クラウゼウィッツは戦争の客観的性質、主観的性質という捉えかたをしている（クラウゼウィッツ、第一編第一章）。そこには、慎重な合理的計算に基づく客観的認識と、不確実性やリスクを乗り越える主観的判断が常に同居している。それは、いわばギャンブルのようなものともいえる。社会現象としての戦争には、終始、実現性と可能性、必然性と機会主義的偶然性が交錯している。

理論と実践が交錯するこのような場では、理論的認識が包括的に機能することで、物事によって支配されるのでなく物事を支配する精神的自由を得ることができるのである。必然性をコントロールすることはできないにしても、必然性ならびに機会主義的偶然性によって支配される要因を識別し、不確実性を確率によって処理することで、より高次の精神的自由を得ることができ、より適切な洞察力を行使することが可能となるのである。

以上のように、マネジメント現象における理論と実践という問題に対し、クラウゼウィッツは、論理的思索と観察の相互依存性、理論的考察と経験的現象の相互補完性を強調した。観念・論理の世界と、経験・実践の世界という二つの世界は、互いに保証し、支えあうことでその存在が意味を持つ。フレデリック・テイラーを遡ること約七十年、クラウゼウィッツの方法論は、経験科学としてのマネジメント論（management theory）の先駆的な考察であるといえよう。

参考文献

Clausewitz, K. von, *On War.* Edited and translated by Howard, M. & Paret, P., Princeton, Princeton University Press, 1976.（篠田英雄訳『戦争論』岩波文庫、一九六八年。）

George, C. S., Jr., *The History of Management Thought* (2 nd edition). Englewood Cliffs, Prentice-Hall, 1972.（菅谷重平訳『経営思想史』同文舘、一九七一年、初版、1968の訳）。

Sombart, W., *Krieg und Kapitalismus,* 1913.（金森誠也訳『戦争と資本主義』論創社、一九九六年。）

Thompson, J. D., *Organization in Action,* New York, McGraw-hill, 1967.（高宮　晋監訳『オーガニゼーション・イン・アクション』同文舘、一九八七年。）

鎌田伸一「軍事組織と経営学・組織論」『防衛学研究』第二十一号（一九九九年四月）四六―六三頁。

八　シュナイダー企業者職能論

関　野　　賢

一　はじめに

ドイツ経営経済学は生成以来、その体系化を一つの目的としており、過去には多くの研究者がそのことを意識してきた。近年においては各論での取り組みが中心となり、経営経済学を一つの体系にまとめる試みはほとんど見られないのである。そのような状況にもかかわらず、D・シュナイダー（Schneider, D.）は、自らが主張する企業者職能論（Lehre von den Unternehmerfunktionen）に基づいて経営経済学の体系化を試み、そして、その体系づけた経営経済学を制度の個別経済学（Einzelwirtschaftstheorie der Institutionen）と称する。(1) 経営経済学が社会科学として存在する以上、その理論は社会経済的状況に規定される。それゆえ、シュナイダーの企業者職能論を理解するためには、彼が理論を構築したときの社会状況や経済状況を明らかにすることが不可欠である。また、彼の理論は国民経済学におけるオーストリア学派の影響を受けたものである。オーストリア学派では不確実性の概念と企業および企業者の自律性が理論の根底にあり、彼も同様の考えに基づいて自らの理論を展開している。

以下では、シュナイダーが理論を構築した社会経済的背景および学問的背景を明らかにし、そして、彼の企業者職能論を考察することで、現在ではあまり意識されていない経営経済学の体系化について取り上げる。

二　企業者職能論の背景

1　社会経済的背景

第二次大戦後のドイツの復興は通貨改革から始められたが、その際に掲げられた政策理念が社会的市場経済である。ミュラー・アルマックが提唱し、経済相エアハルトが普及させたこの理念は、市場経済を維持するために競争秩序を守ること、たとえば独占を排除することを除いて、政府による指導を可能な限り行わないというものである。その理念に対して社会民主党（ＳＰＤ）や労働組合だけでなく、キリスト教民主同盟（ＣＤＵ）からも異議が唱えられたが、結果としてドイツ経済を一九五〇年代の高度成長へと導くのである。この時期に構築されたグーテンベルクの経営経済学は生産性志向に基づいた体系として一つのパラダイムを形成した。戦後のドイツ経営経済学を代表する彼の理論は、高度成長期を背景とするため、企業者の単独決定を基礎とした生産性の側面を考慮するだけで十分であったのである。しかし、一九六六、六七年の恐慌により高度成長期が終わると、社会的市場経済という政策理念ならびにグーテンベルクの理論に基づくパラダイムは変換の時期を迎える。一九六六年にキージンガーがＣＤＵとＳＰＤの大連立政権を樹立し、そして、一九六九年にはブラントによる戦後初めてのＳＰＤ政権が発足し、それはシュミットへと受け継がれた。一九七四、七五年に再び恐慌を迎えた際には、政府は社会的市場経済という政策理念ではなく、ケインズ主義的な構想に基づく政策を実施するが、その結果、財政赤字が増大したのである。それに対して、ＣＤＵのコールは小さな政府の構想を唱え、一九八二年にＳＰＤから政権を奪還した。コール政権では、ＳＰＤ政権時代に制定された規制が緩和され、企業および企業者の自律性が強調されたのである。

以上の状況を背景にシュナイダーは経営経済学の体系化を意図し、一九八五年の『一般経営経済学』（第二版）において初めて企業者職能論を展開する。[2] そこで、彼はＳＰＤによるケインズ主義的な政策ではなく、社会的市場経済の構想を受け入れ、政府による指導を可能な限り排除した状況において企業者が競争を行うことを前提に自らの理論を展開する。その点に関しては、彼の理論は企業者の単独決定原理を基礎とするグーテンベルクの思考を受け継いでいる。以上のことから明らかなように、シュナイダーが主張する企業者職能論は、戦後のドイツの経済や政権の変化を背景に、企業および企業者の自律性を基礎に置いたものである。

２　学問的背景

シュナイダーの企業者職能論では不確実性の概念と企業者の自律性が基礎に置かれているが、それらは彼特有の見解ではなく、過去においても取り上げられている。国民経済学の領域でそれらの問題に取り組んだのがオーストリア学派であり、彼はそこで唱えられた理論を経営経済学の観点から再び展開しているのである。

オーストリア学派は過去においてかなり軽視されてきたが、「一九七〇年代初頭に、……関心が呼び起こされることになった。……ドイツでも、……新しい世代の新進の経済学者達がオーストリアンの思想や政策観に関心を持つようになった」[3]のである。このことが、一九八〇年代に企業者職能論を構築したシュナイダーに影響を及ぼしたと考えられる。また、「オーストリア学派がどんなものであるかについては一般的にはほとんど理解されていない」[4]が、それはメンガー（Menger, C.）を創始者とし、ミーゼス（Mises, L.）やハイエク（Hayek, F. A.）へと受け継がれている。シュムペーター（Schumpeter, J.）のようにオーストリア学派として認識される研究者はほかにも多く存在するが、シュナイダーはメンガーから始まりミーゼスやハイエクへと受け継がれた理論に影響されているのである。彼らの理論では、時間および制限された知識の概念およびそれらから生ずる不確実性の概念が基礎に置かれている。この不確実性の概念はシュナイダーの企業者職能論においても不可欠である。その概念に基づくと、将来に対して完全な予測が不可能であるため、政府が実施する政策が常に適切であると見なすことができず、市場の能力に信頼が寄せられるのである。ミーゼスやハイエクはこの見解から社会主義批判を行い、自由市場での競争を前提に理論を展開したが、一九二〇年代や一九三〇年代においてドイツにおける社会的市場経済の彼らの理論が受け入れられることは困難であった。しかし、その思想は戦後のドイツにおける社会的市場経済の理念に同調するものであり、シュナイダーが重視する一つの側面である。また、ミーゼスが「すべての活動は時間の流れの中にあるため、活動の結果すべてが不確実である。そして、企業者はその活動における不確実な側面に取り組む。それゆえ、現実の経済においてすべての人間が企業者である」(5)と主張していることから明らかなように、オーストリア学派では自由主義の競争市場において不確実性に対処することを企業者の役割と見なすのである。この企業者の概念は一般に考えられているものよりかなり広範なものであるが、この点においてもシュナイダーはオーストリア学派の理論に影響を受けている。

シュナイダーの企業者職能論はオーストリア学派の根底にある概念を受け継ぎ、整理し直したものである。しかし、彼が国民経済学におけるオーストリア学派の理論を経営経済学の視点から見直し、経営経済学の理論として体系づけたことは注目に値する。

三　制度の個別経済学と企業者職能論

1　所得の不確実性および制度の概念

以上のような背景のもとで、シュナイダーは所得の不確実性（Einkommensunsicherheit）およびそれを減少させるための制度（Institution）という概念に基づいて制度の個別経済学を展開する。(6) 以下では、企業者職能論の根底にあるそれらの概念について説明する。

人間が生活をするためには、財やサービスおよびそれらの将来的な請求権が必要であり、その将来的な財やサービスの請求権を裁量権と称する。将来についての完全な予測が不可能であるため、計画を策定する際に予想されなかったことが生じる可能性が存在する。それゆえ、裁量権が不確実性を伴うことは不可避である。人間は財やサービスおよびそれらの裁量権を獲得することで自らの欲求を満たすが、多くの場合、それは他人との取引により実現される。ここで考察する取引は他人に一方的な犠牲を強いるものではなく、取引をする際にそれを行う両者のそれぞれが自らに利益がもたらされると判断する場合にのみ実施されるものである。すなわち、自由意志に基づく取引を意味する。しかし、その取引すべてがそれを行う人に利益をもたらすわけではない。なぜなら、取引はそれを行う人の主観的な判断で行われるため、結果としてその人に利益が生じるとは限らないからである。

取引は貨幣に媒介されるので、人間は取引によって所得を獲得する。また、取引の結果が不確実であるため、それにより獲得される所得も不確実なものとなる。その不確実性の根拠として所得獲得の際の二つの経験的事実が挙げられる。(7) それは人間の行動の結果についての知識の不完全性ならびに人間の知識、意図および能力の不均等分布である。将来の事象についての完全な予測が不可能であるため、将来に獲得する所得は不確実なものとなる。その原因として事実についての知識、理論による知識、外部の出来事に対する予測ならびに個人の性向についての知識における不完全性が挙げられる。また、人間の知識、意図および能力には個人差があり、それは個人の心理構成、教育経歴および職業経歴に基づいている。制度の個別経済学では、それらの中で人間の知識の不均等分布のみを取り上げるが、人間の知識が不完全であることから、正確には不完全な知識の不均等分布と表される。その不均等分布により所得の不確実性がひき起こされるのである。

このような所得の不確実性から、計画において意図された所得と実際に獲得された所得に相違が生じるが、その不確実性をいかに減少させるかということが問題となる。まず、人間は自らの経験によってその不確実性をある程度削減することができる。さらに、所得の不確実性を減少させるために、経験による知識を含む自らの知識を用いて制度を構築する。制度の個別経済学において、そのような制度は「規制システム（秩序）としての制度」と「行動システム（組織）としての制度」を意味する。[8] 規制システムとは個々の規則の集合であり、次のような三つの秩序が挙げられる。第一に、個人の思考に対する秩序であり、たとえば言葉や数学などが当てはまる。人間はそれらの秩序を用いることで、理性的に計画を立てたり、行動をしたりすることができるのである。第二の秩序として、人間の共同生活に対する秩序がある。交通ルールなどが典型的なものであり、それらによって人間は予測できない外部の出来事を減らすことができるのである。最後に、企業者職能の行使に対する秩序も規制システムの一つである。この秩序は、個人の思考に対する秩序と経済体制によって構成され、所得の不確実性を減少させるための行動に対する計画や統制に関連するものである。制度の個別経済学においては、それらの中で人間の共同生活に対する秩序と企業者職能の行使に対する秩序が取り上げられる。それに対して、行動システムとしての制度は、そのような規制システムによって秩序づけられた行動過程から成り立っている。すなわち、行動システムは個人的な目標を達成するための仕組み（Einrichtung）を意味するのである。

2　企業者と企業者職能

所得の不確実性や制度の概念を基礎に置いたシュナイダーの企業者職能論は、メンガーやミーゼスなどのオーストリア学派、さらにリーデル（Riedel, A. F.）などの影響を受けたものである。彼らの理論の共通点としては不確実性を重視していることが挙げられる。すなわち、彼らは不均衡な経済を前提にして、その経済において不確実性にうまく対処する人間を企業者と見なす。彼らの流れを汲むシュナイダーの理論は、近年頻繁に取り上げられているシュムペーターに影響を受けた企業者職能概念とは異なるものである。

まず、シュナイダーが用いる企業者の概念について明らかにする。上述したように、人間は所得を獲得するために自らの知識、労働力およびその他の能力を利用しなければならない。なぜなら、「自己責任において所得を獲得すること」を個人の義務とし、そして、自己責任の範囲で所得を獲得する人すべてを「自己責任を負う独立した企業者」と見なすからである。[9]この意味における企業者の概念は、一般に考えられている概念より広範なものである。しかし、すべての人間が企業者であるからといって、彼らが自らの企業者職能を行使するとは限らない。というのも、すべての人間が企業者であるにもかかわらず、多くの人はわずかな機会にのみ自らの企業者職能を行使するに過ぎず、多くの場合、自分より知識の優位性や多くの能力を持つ人に自らの企業者職能を委託するからである。シュナイダーは、他人から企業者職能を委託された人をマネージャー（Manager）と称し、企業者と区分している。[10]

そのように定義された企業者が行使する企業者職能として、シュナイダーは①他人から所得の不確実性を一時的に引き受けて、制度を構築すること、②裁定利益もしくは投機利益（Arbitrage- bzw. Spekulationsgewinn）を追求して、外部に対して制度を維持すること、③変革（Änderung）を遂行して、組織内で制度を維持することを挙げている。[11]企業者は自らの所得の不確実性を減少させるために、他人から所得の不確実性を引き受け、制度を構築する。その際、企業者は決して他人の所得の不確実性を減らすことを意図するのではない。企業を例に挙げると、企業者は自らの所得を獲得するためにあるいは自らの所得の不確実性を削減するために、企業という制度を設立する。それゆえ、企業者は従業員の所得の不確実性を減少させることを意図していない。しかし、従業員も、その制度に参加することにより自らの所得の不確実性を減少させることを試みるのである。その企業者職能に関しては古くはカンティヨン（Cantillon, R.）が主張し、その一世紀以上後にリーデルが取り上げている。[12]また、リーデルは、「企業者の活動は（一般に企業者職能概念として考えられている―引用者）生産手段の結合よりも、裁定利益の獲得に重要性が置かれる」[13]と主張している。それゆえ、企業者は「裁定取引者である投機家」として、換言すると「不確実性を伴う調達市場と販売市場の仲介者」として活動するのである。[14]すなわち、企業者は、人間の知識が不完全で不均等に分布していることを利用することにより裁定取引を行う。また、裁定利益を獲得するために、企業者は市場条件や環境条件の変化に適応しなければならず、そのために変革を遂行する。その企業者職能は組織内でマネージャーにより実施されるが、その際、彼は自らが適切と見なす目標を組織の構成員に納得させ、そして、彼らにその目標にそった行動を遂行させねばならないのである。この企業者職能を、リーデルは企業者による「監督（Inspection）」と表現し、企業者が「継続的な監督管理（Aufsichtführung）や統制（Controlle）」によって企業を維持すると主張している。[15]

そのようなシュナイダーの企業者職能概念に対して、シュムペーターの概念はより狭い範囲のものと見なされる。シュムペーターは、均衡した経済がなぜ発展するのかということを考え、その要因として企業者を挙げる。彼は、「均衡した経済は、動的な組織者が革新を遂行することによって発展する。その組織者を企業者と見なす」[16]と主張する。この概念定義においてシュナイダーとの二つの相違点が挙げられる。第一の相違は、均衡した経済を前提とすることである。均衡した経済は完全な知識に基づくものであるが、シュナイダーにおいては不完全な知識の不均等分布を前提とするため、均衡した経済は考えられないのである。第二の相違点として企業者概念の範囲が挙げられる。シュムペーターは、「均衡した経済を発展させるために、需要を創造するような新しい結合を行う組織者」[17]を企業者と見なす。したがって、彼は組織における革新の遂行のみを企業者職能と見なし、裁定利益の追求について取り上げていない。とりわけ裁定利益を獲得する機会を消費者の需要の中に見出すことを否定し、「イニシアティブは生産の側にある」[18]と主張する。しかし、現実の社会では、新商品の開発を含めた革新の遂行は消費者の需要に適応するように実施されており、それを無視した革新は存在し得ないのである。以上のことから、シュムペーターは革新を遂行する組織者を企業者と見なすが、シュナイダーの考えでは革新の遂行はもっぱら裁定利益を獲得するための手段である。したがって、シュナイダーの企業者職能概念はシュムペーターの思考を継承する企業者職能概念より広範であると考えられる。

シュナイダーは以上のような企業者職能論に基づいて経営経済学の体系化を試みるが、そこで唱えられた企業者職能は彼特有の見解ではなく、過去において取り上げ取り上げられたものである。しかし、国民経済学におけるオーストリア学派の理論ならびにリーデルの研究を取り上げ、そして、そこで論じられた企業者職能を経営経済学の観点から展開し、一つの体系を確立した点は彼の功績と見なされるのである。また、彼は経営経済学の研究対象を企業の問題に限定せずに家計まで拡大しなければならないと主張するが、実際には企業における問題のみを考察しているに過ぎない。そのことは、制度を維持する企業者職能に関して、初期においてはその制度を企業およびその他の制度としていたにもかかわらず、最新の文献ではそれを企業に限定していることからも明らかである。[19]それゆえ、制度の個別経済学においても研究対象は企業に限定されるのである。また、彼はすべての人が企業者であるが、彼らの多くは自らの企業者職能を行使せずに他人に委託すると主張し、この委託された人をマネージャーと称する。そのマネージャーは企業においては企業管理者、すなわち、経営者のことを意味する。したがって、経営者は株主や従業員などによる企業者職能の委託に基づいて企業を管理するのである。そのことから、企業構成員の関係について理論的に説明したという点においても彼の貢献が見られる。

四　おわりに

シュナイダーは、ドイツの社会経済的状況を背景に、オーストリア学派の理論に影響を受けて企業者職能論を構築し、その理論に基づいて経営経済学の体系化を試みたのである。彼は研究対象を所得の側面に限定し、所得の不確実性をいかに減少させるのかという観点から自らの理論を展開する。そこでは、不確実な社会において所得獲得の際の不確実性にいかに対処するのかということが問題である。その際、不確実性を伴う社会において自己責任で所得を獲得する人すべてを企業者と見なすのである。企業者は所得の不確実性を減少させるために自らの企業者職能を行使する。それは、他人から一時的に所得の不確実性を引き受けて制度を構築すること、裁定利益を追求すること、ならびに、組織内で変革を遂行することを内容とする。

上述したように、シュナイダーの企業者職能論はオーストリア学派の理論を受け継いだものである。しかし、国民経済学における理論を経営経済学の観点から展開し、さらに、近年においてあまり意識されていない経営経済学の体系化を試みたことは彼の功績と見なされる。その体系づけられた制度の個別経済学において企業の問題をどのように展開しうるのかということについて明らかにすることが今後の課題である。

注

（1）Schneider, D., *Betriebswirtschaftslehre*, 1. Bd., *Grundlagen*, 2. Aufl., München-Wien 1997, S. 24.
（2）Vgl. Schneider, D., *Allgemeine Betriebswirtschaftslehre*, 2. Aufl., München-Wien 1985, S. 5 ff.
（3）Vaughn, K. I., *Austrian Economics in America : The Migration of a Tradition*, New York 1994, p. 8.（渡部　茂・中島正人訳『オーストリア経済学—アメリカにおけるその発展—』学文社、二〇〇〇年、一一頁。）
（4）Vaughn, K. I., *ibid.*, p. 1.（渡部　茂・中島正人訳、前掲書、一頁。）

(5) Mises, L., *Human Action*, New York 1949, pp. 253-254.

(6) Vgl. Schneider, D., *Allgemeine Betriebswirtschaftslehre*, S. 5 ff.; ders., *Betriebswirtschaftslehre*, 1. Bd., S. 1 ff.; ders., *Betriebswirtschaftslehre*, 4. Bd., *Geschichte und Methoden der Wirtschaftswissenschaft*, München-Wien 2001, S. 509 ff. これらに関する詳細は、関野　賢「企業者職能と財務経済的思考」『関西学院商学研究』第四五号、一九九九年、四七—六二頁、および、関野　賢「企業者職能論と企業課税」『商学論究』第四九巻第一号、二〇〇一年、九三—一〇六頁を参照。

(7) Vgl. Schneider, D., *Betriebswirtschaftslehre*, 1. Bd., S. 7 ff.

(8) Vgl. Schneider, D., *a. a. O.*, S. 20 ff.

(9) Schneider, D., *a. a. O.*, S. 6 und 31.

(10) Vgl. Schneider, D., *a. a. O.*, S. 32 f.

(11) Schneider, D., *Allgemeine Betriebswirtschaftslehre*, S. 8; ders., *Betriebswirtschaftslehre*, 1. Bd., S. 33; ders., *Betriebswirtschaftslehre*, 4. Bd., S. 511 f.

(12) Vgl. Riedel, A. F., *Nationalöconomie oder Volkswirthschaft*, 2. Bd., Berlin 1839, S. 16 und 286; Cantillon, R., *Essai sur la nature du commerce en général*, edited with an English Translation and other material by Henry Higgs, C. B., London 1931, pp. 47-57 and 149-158.（戸田政雄訳『商業論』日本評論社、一九四三年、四〇—四八および一二〇—一二八頁。）

(13) Riedel, A. F., *a. a. O.*, S. 11.

(14) Schneider, D., *Betriebswirtschaftslehre*, 1. Bd., S. 37.

(15) Riedel, A. F., *a. a. O.*, S. 12.

(16) Schumpeter, J., *Theorie der wirtschaftlichen Entwicklung*, 2. Aufl., München-Leipzig 1926, S. 110-117.（塩野谷祐一・中山伊知郎・東畑精一訳『経済発展の理論（上）』岩波書店、一九七七年、一九八—二〇九頁。）

(17) Schumpeter, J., *a. a. O.*, S. 110 f.（塩野谷祐一・中山伊知郎・東畑精一訳、前掲書、一九八および一九九頁。）

(18) Schumpeter, J., *a. a. O.*, S. 99 f.（塩野谷祐一・中山伊知郎・東畑精一訳、前掲書、一八一頁。）

(19) Vgl. Schneider, D., *Allgemeine Betriebswirtschaftslehre*, S. 8; ders., *Betriebswirtschaftslehre*, 4. Bd., S. 511 f.

九　バーナードにおける組織の定義について

——飯野—加藤論争に関わらせて——

坂本光男

一　はじめに

近年、バーナードの主著[1]における組織の定義についての議論が、飯野春樹教授と加藤勝康教授の論争[2]をきっかけにして活発になってきた。そこでわれわれはバーナード理論を組織類型論として理解する立場[3]からバーナードの組織の定義と組織の三要素の整合性を検討することを通じて、その議論を解決する手掛りを得たいと考える。

二　組織の定義と組織の三要素

バーナードは主著第二部第六章「公式組織の定義」の第一節「定義の展開」において「少なくとも一つの明確な目的のために二人以上の人々が協働することによって特殊の体系的関係にある、物的、生物的、社会的構成要素の複合体」としての協働体系から、生物的要因を含んだものとしての広義の物的要因（以下で用いる協働体系における物的要因という言葉は生物的要因を含んだ広義のものである。―筆者）、社会的要因を捨象して得られた「集団」概念からさらに、個人的要因、その他の変数、を捨象して組織概念を定義した。

バーナードによれば、集団とは人間に相互関係や相互作用のプラスした概念であるが、個々の人間は「全人」としてさまざまな欲求を持ち、それらの欲求を満たすべく「全体社会」を構成する「部分社会」であるところのさまざまな複数の諸集団に同時所属しつつ、各人各様の全人的で個性的な「異なった」生活を営んでいる。(4)

そして、部分社会としての特定の集団についてみると、人々が「部分人」としてその集団に参加するに至った動機の「性格」はさまざまであり、したがってまた「参加の程度」すなわち協働意欲の強さもさまざまである。

したがって、協働体系から物的要因や社会的要因を捨象したものとして得られた集団概念から、さらに部分人としての人間が集団に参加する際のさまざまな動機や協働意欲に関わる個人的要因を捨象することによって、あらゆる協働体系に共通な側面としての公式組織が抽出されることになる。バーナードは組織を定義するに当たって、全人としての人間が部分人として全体社会の一部分を構成する部分社会であるところの特定の協働体系に参加するに至った動機や協働意欲に関わる、個人的要因を捨象しているのである。

したがって、組織の定義の中には組織の三要素の一つである協働意欲は含まれていないことがわかる。

三　協働意欲と諸力

バーナードは主著第六章における組織の定義の展開過程において、協働体系から物的要因や社会的要因を捨象して得られた集団概念から、さらに部分人としての人間が集団に参加する際の動機と協働意欲に関わる個人的要因を捨象することによって、あらゆる協働体系に共通する側面としての公式組織を抽出した。

このようにして抽出されたバーナードの組織の定義が「意識的に調整された二人以上の人々の諸活動ないし諸力という一つの体系」というものであったが、この定義における forces つまり「諸力」とは何か。

組織の定義から協働意欲は捨象されているから、諸力は協働意欲ではない。

そこで、主著第二章「個人と組織」の第一節「個人の地位と人間の特性」におけるバーナードの論述をみてみると、「個人とは過去および現在の物的、生物的、社会的要因である無数の力や物を具体化する単一の、独特な、独立の、孤立した全体を意味する（傍点―筆者）」が、そのような個人の物的、生物的、社会的要因である「無数の力（innumerable forces）」が組織の定義にでてくる「諸力（forces）」であると思われる。

つまり「諸力」は主著第二章第一節「個人の地位と人間の特性」の一で決定論的に述べられている「個人の地位」に関連する。すなわち「諸力」とは個人の物的要因・生物的要因・社会的要因ないし個人の物的能力・生物的能力・社会的能力である。

それに対して、組織の三要素中の「協働意欲」は、主著第二章第一節の二で提示されている「人間の特性」に関連する。そこで提示されている自由意志論的な「人間の特性」が主著第七章における組織の三要素中の協働意欲に関連するのである。

したがってバーナードが主著第六章の組織の定義から捨象した「個人的要因」は、主著第二章第一節「個人の地位と人間の特性」の二における「人間の特性」に関わる。

すなわち「人間の特性」において論じられている自由意志論的で自尊心を持った、したがってまた、人格的な存在としての人間がバーナードの組織の定義から捨象されているのである。

したがってまた、主著第二章第一節「個人の地位と人間の特性」の一の中で「個人の地位」として論じられている非人格的で機能的な存在で、物的、生物的、社会的な諸要因、諸側面ないし諸力のたんに象徴にすぎないものとしての人間は組織の定義から捨象されておらず、組織の定義に含まれていることがわかる。

しかし、個人の物的、生物的、社会的な諸要因ないし諸力は、組織の定義には含まれているとしても、組織の構成要素ではないはずである。

というのは、個人の物的、生物的、社会的な諸力は協働体系において協働行為ないし協働活動に転化してはじめて組織の定義から捨象されているところの協働体系の物的、社会的諸要因となるからである。

個人の物的、生物的、社会的諸要因ないし諸力は活動ではなく活動以前の状態ないし個人の活動能力をさす。したがって、そのように未だ各個人の中に保有された状態にある諸力は、協働行為ないし協働活動ではないし、したがって組織の構成要素ではないはずである。

ではなぜ「諸力」という言葉が組織の定義に含まれているか。そして「諸力」と組織の構成要素である「活動」ないし「諸活動」との関係をいかに考えればよいのか。

四　諸活動と諸力

一九三六年に発表した論文「社会進歩における普遍のジレンマ」[5]においてバーナードは、物的、生物的、社会的な「諸力」をさらに小分けして、①宇宙の物的諸力、②人間の生物的諸力、③経済的諸力、④宗教的または精神的諸力、⑤人種的諸力、⑥政治的諸力、として示したあとで「これら諸力に加えて、社会生活には私が『起動力（powers)』と呼ぼうとする――要因がある。（傍点―筆者）」と述べている。

そしてバーナードは、組織の構成要素である活動、行為ないし努力は諸力に起動力を掛け合わせたものであるとしている。すなわち、諸活動＝諸力×意欲であるとしている。よって諸力は本来組織の構成要素としての諸活動という概念に含まれているということになる。

　したがって、そのような形で諸力は間接的に組織の定義の中に含まれているといえる。したがってまた、組織の定義において「諸力」という言葉を用いる必要はない。

　ただし、バーナードの組織の定義からは、協働体系に含まれていた個人的要因、すなわち個人の動機や協働意欲に関わる要因が捨象されていた。

　したがって、バーナードの組織の定義にでてくる諸活動から協働意欲は捨象されていた。

　つまり組織の定義にでてくる諸活動は、諸活動＝諸力×意欲ではなくて、諸活動＝諸力×□→諸活動≒諸力、というものである。そういう意味で、バーナードは組織を「意識的に調整された二人以上の人々の諸活動ないし諸力という一つの体系」と定義したといえよう。

　われわれはバーナードの組織の定義にでてくる「諸力」を個人の行為能力ないし活動能力としたのであるが、それを組織の定義における組織の構成要素としての「諸活動」をより正確に言い換えるための用語として理解した。このような理解にしたがえば、バーナードは「諸活動」を「諸力」と言い換えることによって、組織の定義に協働意欲を含ませていないことを明示していることになる。

五　協働意欲と組織目的の二類型

　主著第二部第七章の「組織の三要素」における協働意欲についてのバーナードの論述にしたがえば協働意欲として、積極的協働意欲と消極的協働意欲の二類型があることになる。

　まず、（A）積極的協働意欲では、ある協働における誘因がある協働における犠牲を上回っている。つまり、C＞

Iである。したがって人々は、積極的・自発的に当該協働活動を続ける。それにたいして、（B）消極的協働意欲では、ある協働における誘因がある協働における犠牲を下回っている。つまり、C＞Iである。ただ、個人的活動や他の協働の機会からはより不満足な結果が予想されるために、やむを得ず当該の協働活動を消極的・非自発的に続けるというものである。

ところで、第七章では、組織の三要素のうち協働意欲だけではなく、目的についてもまた類型的な説明がなされている。

バーナードは、現代の組織においては共通の目的と個人の動機は一致していないとする。ただ例外はある。それは「組織目的の達成それ自体が個人的満足の源泉となり、多くの組織において多数の人々の動機となる場合」すなわち「特殊な条件の下にある——愛国的、宗教的組織に関する場合」である。ここでバーナードは、組織の一般参加者によって主観的にみられた目的の理解が一致するような組織が存在すると述べている。

すなわちバーナードは協働への一般参加者の動機と一致するようなタイプの目的を掲げた組織と、協働への一般参加者の動機と一致しないようなタイプの目的を掲げた組織が存在しているとしているのである。ただ、バーナードは「特殊な条件」のもとでと但し書きをつけている。

しかしバーナードはそのような条件の下においてであっても、ともかく、組織の目的と組織の一般参加者の個人的動機が一致するような組織が存在すると述べている。このことは重要である。

すなわちバーナードは、目的にも（A）組織の一般参加者の利害と一致するタイプの目的と、（B）組織の一般参加者の利害と一致しないタイプの目的があり、そのような目的のタイプの違いに対応する二つの異なったタイプの組織が存在するとしているのである。

このようにバーナードが錯綜した現実の中から（A）タイプの目的を掲げる組織と（B）タイプの目的を掲げる組織を理念型的に識別し得たのは、彼が（B）タイプの組織としての企業の管理者のみならず、宗教組織、慈善組織、病院、研究所等の（A）タイプのさまざまな組織の有力なメンバーとして深い関わりを持ち、このようなさまざまな組織における豊富な経験に裏打ちされた直感と深い洞察力によるものであろう。

もちろんバーナードは、彼自身が公言しているように、組織と管理の一般理論を展開しようとしたわけであるが、彼の企業組織とそれ以外のさまざまな組織の有力なメンバーとしての豊かな経験にもとづく直感と深い洞察力によって、実質的かつ暗黙のうちに、組織の一般メンバーの動機・利害と一致するタイプの目的――（A）タイプの目的――を掲げる組織と、組織の一般メンバーの動機・利害と一致しないタイプの目的――（B）タイプの目的――を掲げる組織の類型的相違をとらえているのである。

このように主著第七章では、主著第六章でいったん捨象された個人的要因が再び拾い上げられて、個人的要因つまり個人の動機にもとづいて協働意欲と目的が二つのタイプに類型化されている。

すなわち、バーナードは、主著第二部第七章で、主著第二部第六章で示されたような協働体系から物的要因、社会的要因、個人的要因といった諸変数をすべて捨象した高度に抽象的な組織概念に、再び動機の満足に関わる個人的要因のみを付け加えることによって協働意欲と目的の二類型を提示し、そのことによって、主著第三部における組織類型論の本格的な展開を予告しているのである。

換言すれば、主著第二部第七章は、主著第二部第六章における物的要因、社会的要因、個人的要因をすべて捨象した高度に抽象的な「組織一般論」と、主著第三部以降において個人的要因の他に物的要因と社会的要因をも付加することによって展開されている現実に近い具体的レベルでの「組織類型論」との、橋渡しになっているのである。

六　むすび

さて、このようにバーナード理論を組織類型論として理解するわれわれの立場からみると、組織の定義をめぐる飯野教授と加藤教授の論争は興味深い内容を含んでいる。

飯野教授はバーナードの組織の定義が組織の立場からなされたものであるとしておられる。それに対して加藤教授はバーナードの組織の定義が組織に参加する個々人の立場からなされたものであるとしておられる。

このような論争は組織の主体をめぐる議論であるといえる。

そのことについてわれわれは、バーナードが組織をその主体の違いに対応させて合意的組織と強制的組織に類型化したと理解した。

ただしわれわれは、基本的にバーナードが主著の後半部分、特に第三部において合意的組織と強制的組織からなる組織類型論を展開していると理解した。したがってわれわれの立場からすれば、組織の主体をめぐる論争は基本的に主著の後半部分とくに第三部に関わるものである。

われわれはバーナードが主著の第二部で組織類型論を本格的に展開させているとは考えない。

とくに主著第二部第六章「公式組織の定義」は組織類型論ではなく高度に抽象化された組織一般論であり、そこでは組織の主体の問題を論じることはできない。

というのは、主著第二部第六章では具体的な現実次元における協働体系から、物的、社会的諸要因のみならず個人的要因までもが捨象されているために、部分社会としての組織を構成する部分人としての人間が捨象されてしまっているからである。したがって組織の主体も捨象されてしまっていると理解できるからである。

それにたいして、主著第二部第七章第一節の「組織の三要素」の次元は第六章の高度に抽象的な組織の定義に再び個人的要因としての部分人が拾い上げられ付加されることによって人格化された次元であった。

そのことによって、第六章「公式組織の定義」において「組織の三要素」のうちただ一つだけ捨象されていた部分人としての人間の主体性や動機に関わる協働意欲を、主著第七章「公式組織の理論」第一節の「組織の三要素」において拾い上げることが可能となった。よってわれわれは主著第二部第七章の「組織の三要素」の次元では組織の主体の問題を論ずることが可能であると考える。

ただ通説では主著第二部第六章の「公式組織の定義」において協働意欲は捨象されていないと見なされており、したがって公式組織の定義のなかに組織の三要素は含まれていると見なされている。一般的には主著第二部第六章の「公式組織の定義」の次元と主著第二部第七章の「組織の三要素」の次元は同一次元であると理解されているのである。

したがって通説では部分社会としての組織を構成する部分人としての人間――特定の組織に参加する動機や意欲を持った部分人としての人間――は組織の定義の中に含まれているということになる。

したがってまた、通説によればそのような主著第二部第六章の組織の定義において組織の主体の問題を議論することが可能となるのである。

飯野教授も加藤教授もそのような通説を前提として、主著第二部第六章の組織の定義の次元で組織の主体の問題を論じようとしておられるようである。

しかしわれわれがこの小論で示したことは主著第二部第六章における「組織の定義」と主著第二部第七章における「組織の三要素」との間には不整合がみられるということ、すなわち、主著第二部第六章の「組織の定義」の次元と主著第二部第七章の「組織の三要素」の次元は理論的に異なる次元だということであった。

われわれの理解を繰り返していえば、組織の定義の次元は極度に抽象化され非人格化された次元であり、組織の三要素の次元は特定の組織に参加する動機や意欲に関わる個人的要因としての部分人――特定の組織に参加する動機や意欲を持った部分人――が拾い上げられ付加された次元だということである。

よって組織の定義の次元では組織の主体の問題を論ずることが不可能であるが、組織の三要素の次元では組織の主体の問題を論ずることが可能となるのである。

注

(1) Barnard, C. I., *The Functions of the Executive*, Harvard Univ. Press, 1938.

(2) 飯野春樹「バーナード研究の新動向」降旗他編『経営学の課題と動向』中央経済社、一九七九年。

(2) 加藤勝康「飯野春樹著『バーナード研究――その組織と管理の理論』」『関西大学商学論集』第二三巻第二号、一九七八年。

(3) 拙稿「バーナードの反省の真意――主著『経営者の役割』の組織類型論的考察」『徳山大学論叢』第五〇号一九九八年、他。

(4) Katz, D. & L. Kahn, *The Social Psychology of Organizations*, John Wiley & Sons Inc., 1966. p. 50.

(5) Barnard, C. I., "Persistent Dilemmas of Social Progress," Wolf, W. B. & H. Iino, eds., *Phylosophy for Managers*, Bunshindo, 1986. chap. 3.（飯野春樹監訳『経営者の哲学』文眞堂、第三章。）

十　バーナード理論と企業経営の発展

――原理論・類型論・段階論――

高橋公夫

一　問題提起――バーナード理論と経営者支配――

本稿では、近年盛んに論じられるようになったいわゆる企業統治論に、バーナードの『経営者の役割』[1]でどれほど迫れるかという課題に挑戦したい。しかし『経営者の役割』は組織一般の管理職能論であり、それが企業経営という制度的課題に挑戦するためには、それなりの方法論的考察が必要であるように思われる。したがって、まず企業制度と管理職能の関連を企業経営の発展段階論として明らかにし、次いでバーナード理論が専門経営者支配の正当性という課題にいかなる対応をなしうるかについて検討する。

二　企業制度と管理職能

バーナードの『経営者の役割』は組織一般の管理職能論である。したがって企業組織の管理論として適用するためには、さらに具体的に類型的に理解されなければならない。『経営者の役割』は人間論、協働体系論、組織論、管理論の四段階構想からなっているが、類型論的課題は組織論ではなく協働体系論レベルの課題であり、したがって協働体系の定義にあるように「少なくとも一つの明確な目的のために二人以上の人々が協働することによって、特殊の体系的関係にある物的、生物的、個人的、社会的構成要素の複合体」(2) に関する分類の学となる。それゆえに組織を類型別に理解する中心軸は、それぞれの協働体系がめざす目的の相違であり、目的の違いによって、それぞれの協働体系を構成する諸要素は異なり、その体系性も変わってくるのである。

企業という特殊な協働体系の目的は何かということは、それ自体議論のあるところであるが、伝統的には財やサービスの提供により利潤を獲得する事業ということになる。したがって利潤獲得のための経済合理性こそが企業という協働体系における構成要素の運用原理であり、企業の管理はかかる特殊な協働体系を協働体系たらしめている普遍的要素である組織を維持・存続させる機能であるということになる。すなわち、資本の論理と組織の論理の統合を目指しており、企業が経済合理的であり利益を上げるためには、組織が合理的に運用されていなければならず、また組織を維持・存続していくためには企業は必要な利益を上げていなければならないのである。つまり、企業経営の発展にしたがって協働体系としての企業に特有の目的の実現そのものと、協働体系における組織の維持・存続という機能的要件の確保との間でいずれの側面が主要な関心事とみなされ、他をそれに対する条件性のものとみなされるようになるかという問題が生じる。以上が企業という組織類型における経営管理の特質であると考えられる。

ところで、三戸公はバーナードの組織概念の抽象性を批判してその段階的具体化に関する議論を展開している。(3) すなわち、バーナードの「二人以上の人々の意識的に調整された活動や諸力の体系」(4) という「公式組織」の定義は、非公式組織をも含んだ組織一般の定義ではあっても、公式組織の定義ではないとされ、formal organization は「成文組織」と訳されるべきであって、これこそが公式組織の「決定的な側面」を示すものであるとする。そ

表1　バーナード理論と企業経営の発展

バーナード組織論的管理論（高橋の解釈）	三戸公の協働体系発展段階論	加藤勝康の経営発展論	支配形態
非公式組織			
公式組織（共通目的の設定・3要素の結合） 管理＝組織の維持・存続（有効性・能率） ・伝達：権限受容説（生ける法） ・貢献意欲：誘因と貢献（ステイクホルダー） ・共通目的：戦略的・機会主義的 ・道徳的リーダーシップ	非公式組織　①一回生起的協働体系		
	非公式組織　②継続的協働体系（了解）		
	公式組織　③成文組織（規則・法制化）	①一人経営（会社設立）	所有者支配
		②作業機能の分離（従業員の雇用）	
	公式組織　④官僚制的・団体的協働体系	③管理機能の分離（管理階層の形成）	
		④企業者機能の分離（所有と経営の分離）	
（経営者支配がモデル，正当化）		⑤支配機能の出資からの分離（経営者支配）組織均衡論	経営者支配
（期待される新展開）			立憲的支配

して、非公式組織から公式組織へ、あるいは単純公式組織から複合公式組織への発展を規則化の過程を手がかりとして協働体系発展の四段階説を提示した（表1）。すなわち、①自然発生的で一回生起的な協働体系、②規約が諸個人によって主観的に了解されて継続的となった協働体系、③規則の制定によって客観的に運営される協働体系、④管理機能と執行機能が分離された官僚制的、団体的な協働体系である。こうした組織あるいは協働体系の「制度論的あるいは契約論的組織理解」は、バーナード組織概念の企業組織への適用や具体化にとっては必要であり、バーナード理論にとっては明らかな「欠落」であったといえる。しかしながら、組織の規則化という法定説的側面をバーナードが組織概念から「捨象」したのは、エールリッヒのいう「生ける法」に従う実態的に機能する組織と管理を把握するためであった。つまり、バーナードの組織概念は制定規則、成文法の成立を前提として、その機能の実態を把握しようとして一般的に概念化されたものである。したがって、三戸のいうような公式組織の制度的・法的発展の論理に触れないのは、バーナード

が承知の上で意図したことであり「致命的欠落」とまでいえないように思われる。なぜならば、規則や法は協働体系の範疇に入るものであり、その機能的な実体が組織の範疇となるからである。三戸は非公式組織と公式組織の境界を規則の制定においているが、バーナードはそれを共通目的の設定に求めている。つまり、共通目的の合意は暗黙にでも一種の社会契約と見なされるのであり、公式化の契機であるということができる。ただしバーナード理論の場合、いかなる共通目的を持つかは組織の要素とは理解されていない。組織の目的的・法制度的あるいは類型的理解は協働体系範疇で行われ、その機能的実体が組織として理解されるのである。

さらに、加藤勝康はその極めて示唆に富む企業経営の制度的発展段階論を山本安次郎の枠組に従って展開し、最後に企業構造の発展的「内容」としてバーナードの組織均衡論を検討している。(5) 加藤は「経営構造の発展過程」を五つの段階において明らかにしている（表1）。すなわち、経営発展の第①段階は事業、企業、経営の三つの構造的契機に関わる機能がすべて同一人によって担われている「一人経営」である。ここから事業機能または作業機能が分離されて従業員によって担われるようになると第②段階の「企業者経営」となる。さらに管理機能が企業者から分離して管理階層が形成されると第③段階の「近代資本志向経営」となる。さらに④企業者機能も分離して専門経営者に任されるようになると、ここに所有と経営が分離して「現代資本志向経営」となる。こうして最後に第⑤段階として、支配機能が出資機能から分離して専門経営者に担われると「事業志向経営」が成立する。この専門経営者支配の段階になると、経営が戦略的支配機能をも包摂するようになるので「資本の束縛から免がれ、経営存在の核心である事業中心の経営協働システムの展開を可能ならしむる」と経営の社会化・自立化の論理を明らかにしている。

先の三戸は、山本・加藤によって管理階層の形成段階とされた第③段階以降を、官僚制的・団体的組織として一括して第④段階と理解している。ところが、山本・加藤の第⑤段階は所有と支配が分離した経営者支配の段階である。この段階になってくると、近代市民社会の私的所有権法に基づく会社秩序は変質し、法や制度は実態から乖離してくる。いわば法や規則によって特定の組織的機能が保証されるのではなく、その阻害的機能が問題となってくるのである。こうして、エールリッヒの「生ける法」という自生的秩序が「死せる法」、制定法を半ば無視して有効に機能するようになってくるのである。バーナードの理論はまさにこうした段階において形成されたのであり、そのため法定説・上位権限説に代わって権限受容説が説得的に提起されることになったのである。つまり、法や規則も健全に機能している限りは受容され有効ではあるが、機能的実態から乖離してくれば、その法や制度は受容されず機能しないということになる。もちろん実態に適応しない法や規則が制裁を伴って強いるということもあるが、長期的に持続することは不可能であり、むしろ実態に適応した法や規則が新たに形成されてくることになる。その際、強力な反対勢力が台頭し撤回を求める運動を始めれば、正当性をめぐる闘争となることはいうまでもない。受容説においても規則や法、あるいは闘争は扱われうるのである。

ところで、加藤はこうした経営の構造的展開にバーナードの組織均衡論が「内容」的に照応していると主張する。すなわち、「均衡のありようは、経営体構造のそれぞれの展開段階に照応して内容的に異なる」とし、『成長を伴う発展』への経路は、…いずれかの貢献者の満足を優先せしめ、それに照応する主体的均衡および四重経済を中心とする客体的均衡の維持を図るという不均等的発展の過程たらざるをえない」とし、第⑤段階にいたって「経営発展の内容としての組織均衡が、全面的かつ複雑な形で維持される必要性」が生じてくると指摘している。つまり「そこ（第⑤段階）においては、資本提供者の利害が支配的要因ではありえないために、さまざまな利害関係についての釣合いとその維持が、組織的意思決定の観点からは最も中心的な課題となる」という。いいかえれば、バーナードの組織均衡論は、経営者支配の段階にいたって初めてあらゆるステイクホールダーの利害の均衡、すなわち「均等的発展」として十全に展開されるようになるとするのである。

ともかく、バーナード理論は一般組織論であり、その企業への適用は明確に類型化して理解されなければならない。類型論の課題は、協働体系レベルの特殊的な目的と体系に即した分類論となる。そして特定の協働体系の存在と機能は、合法的支配の社会においては法制化によって制度的には保証されることになる。企業という協働体系あるいは制度の場合、その目的は経済的価値の創造による利潤の獲得であり、それは組織の維持・存続という一般的な経営管理機能と相即的に発展していくものであったが、組織の拡大にしたがって組織の論理の比重は増大していく。その結果、加藤も指摘するごとく、経営者支配の段階にいたって組織の論理は資本の論理を乗り越えるかに見られるのである。まさに『経営者の役割』は経営者支配の段階において初めて十全な展開を見るにいたると理解される。しかしながら、問題は山本・加藤が指摘するように、このような高度な経営者支配の段階において、本当に「均等な」つまり社会的に正当な公共的立場からの企業経営が可能になるのであろうかということである。今日の企業統治論の課題は、ここから始まるものと思われる。したがって次に、経営者支配の正当性という観点から『経営者の役割』を検討する。

三　経営者支配の正当性

加藤は、『経営者の役割』は経営者支配の段階において初めて十全に適用可能なものとなると主張する。したがって『経営者の役割』は純粋に経営管理機能が権力の基盤となる経営者支配段階における管理の原理論であるということができる。(6) つまり、専門経営者支配における機能的権限の確立こそが企業統治論から見た『経営者の役割』の目指したことであったといえる。それでは『経営者の役割』はいかに経営者支配の正当性を問題とし、いかに専門経営者を擁護しているといえるのであろうか。ここでは経営者の機能的支配論として、組織の三要素に即してバーナードの権限論、構成員論、そして目的論について検討する。(7)

まず、バーナードの権限論はいうまでもなく権限受容説として知られているが、三戸は『官僚制』において、上位権限説・法定説に依拠するクーンツ・オドンネルの議論との対比において、受容説をウェーバーの三つの支配類型に関する「正当性」という考え方に当たる最も根源的な議論であるとしている。(8) したがって、バーナードの受容説は経営管理の合法性をも含めて支配の実質的・機能的正当性を問うという意味で、経営者支配の正当性論を本来的に示唆するものであった。

経営者権限が社会的受容による授権であるとするならば、いわゆるステイクホールダー論は自ずから出てくる議論であろう。バーナードの誘因と貢献の理論は、組織に関わるあらゆる構成員の諸利害を均衡させるというものであるから、組織論的なステイクホールダー論であるということができる。しかしながら、問題はいかなる目的からその均衡を図るかということである。バーナードはここから機会主義的な誘因の経済あるいは極めて抽象的な組織経済の理論を展開しているが、他方で価値的態度、効用評価、行動基準などに関する「道徳性」の側面が問われなければならないとしている。いうまでもなく、財やサービスの経済的提供という特殊な目的を持つ企業組織の場合、組織合理性だけではなく営利的合理性との調和という課題が孕まれており、組織維持の立場から戦略的・機会主義的に企業目的が設定されるとともに、そこに企業独特の経営理念や具体的な道徳準則などが形成されてきているのである。今日の経営者支配企業においては、さまざまなステイクホールダーに配慮した複雑な企業目的や経営理念を持つようになっており、もはや剥き出しの営利原則が通用するわけではない。しかしそれだからといって、A・A・バーリが期待したようなプロフェッショナルな経営者達が準公的な立場から社会の一般的な福祉をめざすというわけでもない。(9) むしろ明らかになりつつあるのは、バーリの期待に反して、専門経営者支配の組織的独善と自己利益追求の現実であるということができる。これに対して、バーナード理論が可能とする対応は、経営管理機能の健全な達成と道徳的なリーダーシップの発揮をひたすらに主張するばかりである。権力者は自らの権力行使に高い理念を持って責任を果たし、常に自戒しなければならないことはもちろんであるが、それに留まらず、さらに彼らの権力行使は第三者的観点から抑制される必要があるのである。そのために、客観的に制定された基本的行動規範に照らして、経営者が自らの権力行使を機能的にチェックし、また制度的にチェックされうる「立憲主義的経営」とならなければならないのである。すなわち、もっとも根源的な意味での契約論的な観点が導入されなければならないと思われる。

四　立憲主義的経営

結局、『経営者の役割』は経営者支配の正当性の課題に対して、貢献者達による経営者権限の忌避と経営者自身の道徳的責任感と責任能力の喚起を要請するにとどまっている。したがって、バーナードは第十七章で「管理責任の性質」をあれほど見事に論じているにもかかわらず、後に「日本語版への序文」において、「非常に重大な一つの欠陥は、そのときもいまも、責任の問題を扱わなかったことである。権威を論ずれば、当然はるかに重要な、しかしあまり理解されていない委任、それの責任の問題、責任が重くなるにつれて委任と矛盾すること、…などを明瞭に論議すべきであった」[10]と述懐している。ここではとくに、委任と責任の矛盾的展開を明確に述べている点に注目せざるをえない。つまり、専門経営者はエージェントとして一定の機能を委任された存在であるが、経営管理機能が次第に重大なものとなってくると、経営機能そのものの要請として、委任したプリンシパルの意向には必ずしもそえなくなってくるということである。まさに専門経営者支配が所有者支配から脱却する過程を経営責任の矛盾論として指摘しているわけである。

かつてバーリはこうした所有者支配から経営者支配への過渡的段階において、後の彼からは意外に思われるほど経営者支配に対して懐疑的な態度で臨んだ。すなわち「会社の経営者や『支配者』の株主に対する受託義務が弱められるか、あるいは消滅したとき、彼らは事実上絶対者となる」[11]と。しかしながら、有名なE・M・ドッドとの論争の後、『二〇世紀資本主義革命』において、「会社が株主のために利潤追求するという唯一の目的で存在しているとする見解を、現時点で強調するのは好ましくない」[12]とするドッドの主張を容認せざるをえなかった。その後バーリは「会社良心論」、「社会的合意論」から「価値体系と『超越的領域』」の議論にいたるまで、ステイクホールダー論の立場に立って専門経営者支配の正当化の議論に打ち込んでいった。したがってバーリは最後まで経営者権力の絶対化への危惧を拭い去れないまま、一方で権力抑制の論理を探り、社会的に受容されうる経営者の機能的正当化への期待を膨らませていったのである。ところが、昨今の経営者企業の失敗や不祥事などの出来事は、バーリの期待ではなく危惧の方こそが現実のものとなってしまったということができる。それゆえに、会社支配論に代わる企業統治論の台頭や株主復権論の出現は、これまでの経営者支配論への新たな挑戦であり、段階を画した取り組みを求めさせるものであるといえる。つまり、高度な経営者支配の段階においては、ステイクホールダーからの合意を取り付け得るだけの経営者の自律的な倫理や道徳を期待するだけではなく、彼らの独善をも客観的にチェックできるようなシステムが必要なのである。ここでは、そのような経営システムを「企業統治」という課題を最も早い段階でとり上げていたR・イールズにしたがって、「企業立憲制」あるいは「立憲主義的経営」と呼ぶことにしたいと思う。[13]

イールズは、所有者支配による営利中心の企業である「伝統的企業」に対して、さまざまな社会的利害関係をも配慮する専門経営者支配の大企業を母性的な「メトロコーポレーション」と呼び、その統治体としての意味を明らかにしている。そして、望ましい企業モデルとして、伝統的企業とメトロコーポレーションとの緊張を孕んだ調和を可能とする協和的企業を提唱し、その統治的特性を企業権力者の独善的な権力行使を抑制しうる「企業立憲制」の確立に求めたのである。

さて、企業立憲制の考え方でもって『経営者の役割』を捉えるならば、バーナードの組織統治論は協働体系における矛盾や対立を統合するような道徳性の創造を究極的なリーダーシップとして論ずるのみで、自らの経営権力をも制約するような超越的価値体系の制度化にまでは及んでいないように思われる。すなわち、たとえ善良で優秀な経営者であっても必ず誤りの契機を持っており、したがって自ら遵守すべき超越的な最高規範を確立し、公表するとともに、万が一それに違反した場合のために、第三者的立場からの牽制のシステムを構築しておかなければならないのである。ともあれ、立憲化に伴うこのような経営者牽制のシステムの考案は積極的に検討されてしかるべきである。そしてとくに、バーナードの経営者責任論が「他の人々のための道徳準則の創造」という に止まらず、経営者自身の機能的権限をも超越的に規制しうる道徳準則の創造と制度化、すなわち立憲化の議論としても検討されねばならないといえよう。[11]

最後に、日本の事情に関連して、たとえば伊丹敬之は近著において、経営者監査委員会による次期経営者候補の選定とコア従業員によるその信任投票という牽制のシステムを構想している。[15] それが現行法制下における「日本型コーポレートガバナンス」の従業員主権を具体化する改正案であるという。しかしながら、伊丹の議論は、ステイクホールダーのうち従業員とくにコアとなる従業員のみを特別視するものであって、バーナードのオープンシステムの考え方からすると狭隘な議論であるように思われる。伊丹は、コア従業員に投票権を限る理由として、情報、コミットメント、逆操作耐性という基準を上げているが、それらは程度の問題であり、十分に納得できるものとはいえない。むしろこのような「日本型」方策は、三戸が伝統的な日本的経営のうちに見出し排除したいと考える非民主的な「階統制」、つまり出自等による処遇の差別化を現代的に再興することになるのではないかと危惧される。[16] とはいえ、わが国の伝統的な商家経営には家憲・家訓による経営という立憲的な経営が存在したし、また武家においては家臣による主君「押込」の構造[17]という諫めの伝統があったことは見過ごされてはならない。こうした伝統の現代化としても、日本型コーポレートガバナンスの議論はさらに活発になされることが期待される。

注

（1）Barnard, C. I., *The Functions of the Executive*, Harvard University Press, 1938.（山本安次郎・田杉　競・飯野春樹訳『経営者の役割』ダイヤモンド社、一九六四年。）

（2）Barnard, C. I., *op. cit.*, 1938, p.65.（前掲訳書、六七頁。）

（3）三戸　公「C・I・バーナードを越えて――中條秀治『組織の概念』を機縁として――」『中京経営研究』第九巻第二号、二〇〇〇年二月。

（4）Barnard, C. I., *op. cit.*, 1938, p.72.（前掲訳書、七五頁。）

（5）加藤勝康「経営(体)構造とその発展」山本安次郎・加藤勝康編著『経営学原論』文眞堂、一九八二年、および加藤「経営発展の意義とその基礎過程」山本・加藤編著『経営発展論』文眞堂、一九九七年。

（6）科学的管理法やドイツ経営学が資本主義の独占段階に至って初めて体系化されたように、バーナード理論は経営者支配の段階に入って初めて体系化が可能になったと考えられる。

（7）拙稿「バーナード理論と経営者支配のパラダイム」『経営学パラダイムの探究』文眞堂、二〇〇一年、参照。

（8）三戸　公『官僚制』未来社、一九七三年。

（9）正木久司・角野信夫『人と学説　バーリ』同文舘、一九八九年。および、拙稿「書評『人と学説　バーリ』」『同志社商学』第四十二巻第二号、一九九〇年、を参照。

（10）Barnard, C. I., 1956.（前掲訳書、「日本語版への序文」、三六頁。）

（11）Berle, Jr., A. A., "For Whom Corporate Managers are Trustees: a Note," *Harvard Law Review*, Vol. 45, No.8, 1932, p.1367.（正木・角野、前掲書、七七頁。）

（12）Dodd, Jr., E. M., "For Whom are Corporate Managers Trustees?" *Harvard Law Review*, Vol. 45, No.7, 1932, pp.1147-1148.（正木・角野、前掲書、七六頁。）

（13）Eells, Richard, *The Meaning of Modern Business: An Introduction to The Philosophy of Large Corporate Enterprise*, Columbia University Press, 1960.（企業制度研究会訳『ビジネスの未来像』雄松堂書店、一九七四年。）

（14）立憲制は、はじめマグナ・カルタや権利章典のように専制君主を臣民や市民が制約するシステムとして導入された。この考え方を専断的な経営者支配の牽制システムとして導入できないかというのがここでの議論である。これに関連して、岩田浩教授より、立憲制によっても経営の腐敗や非効率は防げないのではないかという質問を受けた。それに対しては、道徳の高唱によって不道徳を根絶できないのと同様に、人のつくり出す制度には完全はないという以外にはない。おそらくは、制度と倫理は相互補完的な関係にあるのだと思われる。また、三戸公教授より、憲法もまた規則や法の延長上ではないかというニュアンスのコメントがあった。その通りであり、私は「根源的な意味での契約論的な観点」と言っている。しかし、規則の制定と規則の運用を規制するための規則の制定との間には違いがある。今後の課題となるが、たとえばジェームズ・ブキャナンらの「立憲民主制論」は注目に値する。Buchanan, J. M., and Tullock, G., *The Caluculus of Consent: Logical Foundations of Constitutional Democracy*, University of Michigan Press, 1962.（宇田川璋仁監訳『公共選択の理論：合意の経済論理』東洋経済新報社、一九七九年。）

（15）伊丹敬之『日本型コーポレートガバナンス―従業員主権企業の論理と改革―』日本経済新聞社、二〇〇〇年。

（16）三戸　公『家の論理1・2』文眞堂、一九九一年。

（17）笠谷和比古『主君「押込」の構造―近世大名と家臣団―』平凡社、一九八八年。

十一　組織論における目的概念の変遷と展望

——ウェーバーからCMSまで——

西本直人

一　情緒主義

一九八一年、哲学者A・マッキンタイアによって社会科学、ひいては社会観を一変させる非常に刺激的かつ重要な概念が提出された。マッキンタイアによれば、近・現代に入り、情緒主義(emotivism)という名称で一括しうる思想が道徳哲学の領域を席巻した。情緒主義とは、「すべての評価的判断、より特定して言えばすべての道徳判断は、それらの判断の性格が道徳的もしくは評価的である限り、好《プリファランス》みの表現、すなわち態度《アティテュード》や感情《フィーリング》の表現に他ならない」[1]と定義される教説である。看過しえないのは、この情緒主義という思想にしたがえば、「客観的道徳のために合理的正当化を供給するあらゆる試みは、過去、現在を問わず事実上失敗した」[2]ことになってしまう。つまり、自由主義、保守主義、社会主義などが標榜する諸道徳のいずれを選択したとしても、その選択を合理化しようとする論証はすべて選択主体の主観的論拠しか持ち得ないことを意味する。

マッキンタイアによれば、社会科学の方法論を確立し組織論の基礎を築いたM・ウェーバーもまたこうした情緒主義に立脚しているばかりでなく、その思想を促してきた思想家の一人と目される。ウェーバーの思想を敷衍すると、「目的の問題は価値の問題であり、価値に関しては理性は沈黙(3)」せざるをえない。というのは、「行為者は自分の価値に整合した行為をするときには多かれ少なかれ合理的でありうるが、特定の評価的な立場や係わり合い《コミットメント》の選択においては、いずれを選択するにしても合理的ではありえない(4)」からである。すなわち、行為者が自ら依拠する価値に整合した行為をするときにはその価値ないし目的に対する手段の合理性を測定しうるが、行為者によるその価値の選択自体、およびその価値内容の評価に関しては何ら合理性を見出すことはできないとされる。

次節以降においては、こうしたマッキンタイアの主張に妥当性を見出せるか否かを、まず彼が情緒主義の代表者として挙げるウェーバーの社会科学方法論の内容から判断し、さらにはかつてネオ・ウェーバリアンと称されたH・A・サイモンの多様な著作に通底する基本的ロジックを読み解くことによって明らかにしたい。

二　ウェーバーの社会科学方法論の特性

ウェーバーの構想する社会科学はその理論的前提として、まず「あるもの」と「あらねばならぬもの」とが峻別されねばならない。そして、「あらねばならぬもの」、つまり実践的行為に対する処方箋を導き出す規範ないし理想を創出することは科学の課題とはされない。この点において、ウェーバーの立場はたしかにマッキンタイアが描き出した情緒主義と完全に合致するといえるが、ウェーバーの立論を難しく（複雑に）しているのは、そのことをもって「あらねばならぬもの」を科学の対象としないと主張しているわけではない点にある。むしろ、科学は「あらねばならぬもの」の内容を判断する価値判断に対して科学的批判を積極的に提出するものである。

ある特定の理念ないし理想、価値観に導かれた人間の社会的行為を分析する（つまり社会科学の俎上にのせる）

ためには、社会的行為を妥当な要素へと還元するための概念ツールが必要となるが、ウェーバーはそこで「目的」および「手段」という概念を導入する。欲求に導かれるのは、「それ自身のもつ価値のため」か、もしくは最終的に欲しいものを得るための手段として欲するか、のどちらかであり、社会的行為の分析はその欲される価値（目的）ないしそれを達成するための手段の妥当性を評価することから始められる。以下、社会的主体の抱く目的および手段を社会科学がいかに取り扱い得るかという問題に対するウェーバーの主張[5]を要約する。

①目的－手段の適合性分析：与えられた目的を実現するのに手段がふさわしいかどうかを確定することができる。

②手段による目的達成可能性の分析：特定の手段を適用することによって、特定の目的がそもそも達成されるかどうか、そのチャンスを測ることができる。

③目的設定の実践的意義の歴史－状況的分析：目的を設定すること自体、実践的に意味があるか、その都度の歴史的状況に照らして批判することができる。

④予期せざる結果の比較分析：必要とされる手段を用いたばあいに、達成されるであろう所期の目的とは別に、どんな結果が生じるかを確定することができる。

⑤犠牲となる目的分析：所期の目的を達成するためにはそれとは別の価値の実現をさまたげるおそれがある。所期の目的は、何を「犠牲にして」達成されるのかという問にも解答をあたえることになる。

結論：上記の諸問題に関し自己省察（自覚）を助け、促進することが、技術的批判のもっとも本質的な機能の一つである。

上記五点に及ぶ社会科学の課題をウェーバーが技術的批判と称するゆえんは、次の重要なテーゼに求められる。つまり、ウェーバーの構想する社会科学にあっては、行動を律する目的、およびその目的に照らされ比較考量される諸代替案のうちどれを現実に選択するかは意欲する人間の課題とされ、科学の課題ではないからである。そして、このテーゼにもとづき、次の三つの科学的課題が追加的に明示される。(6)

⑥目的理解の促進：意欲された目的そのものが、どういう意義をもつかを意欲する人間に知らせることができる。

⑦目的の形式的－論理的評価：意欲された目的を、内的に矛盾をふくんでいないことという要請に照らして、理想を評価することができる。

⑧究極的価値基準についての自省の促進：その人の無意識的な出発点となっている究極の価値基準について、その人が反省するのをたすけてやることができる。

結論：経験科学は、だれにたいしても、その人が何をすべきかを教えることはできない。ただその人が何をすることができるか、そして――ばあいによっては――何を欲しているかを教えることができるだけである。

上記で概括されたようにウェーバーは社会科学が何をなしうるか、逆にいえば何をしてはならないかを厳格に規定したが、社会科学者がその枠を踏み越えてしまう契機が無数にあることをも自覚していた。ウェーバーによれば、学問は意欲する主体の目指すべき理想、価値ないしは目的を創出したり定義することができる、あるいはそうすべきであると称する動機を抑制するために次の二つの義務を果たさなければならない。

第一の義務：どんな尺度にそって現実が測られ、価値判断が導きだされるのかを、いついかなる瞬間にも、読者と自分自身とにあきらかにしておくこと（判断の前提の明示）

第二の義務：考える研究者が発言をやめ、意欲する人間が発言しはじめているのだということ、そしてそれはどこからはじまったのかということ、いいかえれば、議論はどこでは理性に、どこでは感情に訴えているかということの明示（事実「あるもの」と評価「あらねばならぬもの」の峻別）

上記の第二の言明では、「あるもの」と「あらねばならぬもの」とを区別する必要性が再度強調されている。このあまりに有名な学問的義務は、何が事実で何が評価かを考慮することを通して、科学者、ひいては理論が対象と向きあう姿勢を再帰的に限定づける。事実と評価を区別するにはある特定の基準が必要であるが、理論には、①その基準を内在的に備えていること、②常にその基準を再帰的に参照しうること、③他者にその基準を開示しうること、の三点が求められているといえよう。

三　サイモン理論における目的概念の位置づけ

ウェーバーの影響力ある一連の著作とは別の系譜に属し、組織論を一つの確立した学問領域として成立させる契機となったのはC・I・バーナードをその嚆矢とするシステム論的組織論だが、本説ではバーナードの意思決定概念に代表される主要概念をさらに発展させたサイモンの言説(7)に焦点を当て議論を進めたい。

議論を簡潔にするために、まずサイモンの組織研究にみられる諸特徴を要約しておく。①管理過程は意思決定過程である。②組織内の個人の行動、ひいてはその行動を導く意思決定の多くは、合目的的（purposive）である。③この合目的性によって行動の統合が達成され管理活動は可能になるが、合目的性という概念には手段－目的の連鎖からなるヒエラルヒーというアイディアが含まれる。④意思決定に影響を及ぼす決定前提には、価値的（倫理的）要素と事実的要素の両方が含まれるが、その両要素を完全に分離することは不可能である。⑤手段－目的の連鎖からなるヒエラルヒーの最上位に位置する目的（純粋の価値）を評価することは科学的かつ論理的に不可能である。⑥両要素の完全な分離および純粋の価値の評価は不可能であるものの、目的が手段－目的の連鎖からなるヒエラルヒーのうちのどこかに位置づけられ、中間的な目的（価値指標）としてみなしうる場合には、相対

的ながらその目的に対する手段を事実的に評価することは可能である。すなわち、

ほとんどの命令は、それ自体が目的というのではなくて、中間の目的であるために、それがめざしている、より最終的な目的に対するその適切性の問題は、事実的な問題として残る。実施の連鎖をずっとたどって、「純粋の」価値——純粋にそれ自体が望まれる目的——にまでいたることが、果たして可能であるかどうかは、ここで決着をつける必要のない問題である。現在の議論にとって重要な問題は、中間的にせよ最終的にせよ、倫理的要素を含む言明は、いずれも、正しいあるいは正しくないと記述できないことであり、意思決定過程は「所与（given）」とされるある倫理的前提から出発しなければならないことである。この倫理的前提は、問題になっている組織の目的を記述する。(8)

サイモンは、以上のように、目的の所与を出発点として理論を開始させること、目的の内容（substance）に関する言及を避けることにより「手段－目的」概念の論理的な形式性に注意を絞り込むこと、そして目的の倫理的要素から事実的要素を導き出すオペレーショナルな語彙や概念を開発することによって、組織を扱う理論そのもののオペレーショナリティ、操作性を極度に高めることに寄与したといえる。このサイモン理論に見られる高レベルの操作性、一般性、抽象性は、後の目的概念を行動における諸制約の全集合と定義した研究、さらにはＧＰＳ研究にいたる一連のアイディアの発展に一貫して認められる。

サイモンはときにウェーバー理論との連続性から「ネオ・ウェーバリアン」としてカテゴライズされるが、その理由は明らかであろう。サイモンは、ウェーバーの主張を論理実証主義のアイディアでさらに補う形で、目的そのものの評価について言及することを回避し、所与の目的に対する手段の適合性（目的合理性）を能率の基準

から検討することを一貫してその理論的課題としているからである。サイモン理論の枠内では、目的そのものについてはあくまでそれをゼロ地点として沈黙せざるをえない。

このように、サイモン理論の特徴は、①操作性、一般性および抽象性、②それらを可能にする理論的前提としての目的の所与性（ないし先与性）、の二点に求められるが、こうした社会科学のスタイルは、まさにマッキンタイアが情緒主義としてカテゴライズした立場そのものであるかのように思われる。行為者が自分の価値に整合した行為をするときにはその価値ないし目的に対する手段の合理性を測ることが可能だが、行為者がその価値（サイモンの言葉でいえば純粋価値）を選択したことに関して社会科学は沈黙しなければならない。サイモンの理論構成はこの純粋価値を所与とすることで社会科学の説明力を増大させ、その利点を最大限引き出すことに成功した。しかし、こうした対象に対するアン・コミッティッドな立場を疑問視し、まったく異なる社会科学に基づいて新たな組織論を構築しようと試みる学派が九〇年代に入り顕在化し始めた。次節では、そのＣＭＳ（Critical Management Studies）と呼ばれる新たな学派の概要と可能性について考察してみたい。

四　ＣＭＳ

ＣＭＳとは、Ｈ・ウィルモットおよびＭ・アルヴェッソンの二人を中心として八〇年代後半以降、主にイギリス、アメリカ、北欧で精力的に展開されてきたもので、主に批判理論（Critical Theory: 以下ＣＴと略称）を理論的基盤とする一群のマネジメント研究を指す。他のマネジメント研究のパラダイムと比べ、比較的タイトな理論的コア（言語論的転回以降のＪ・ハーバーマスによるコミュニケーション的行為理論やマッキンタイアの情緒主義分析）の共有と、分析対象となる比較的ワイドな問題関心圏（主には組織論、戦略論、マーケティング、会計学等に関心が払われている)、比較的ルースな研究者間の関係性がその特徴をなしている。

そしてＣＭＳ最大の特徴は、現在もっとも支配的な社会科学である経験的分析的科学(表1参照)を再考するための契機を批判という形で提出することにある。経験的分析的科学としての経営学あるいは組織論は、価値と事実を峻別することによって、目的に対する手段の合理性を主要な分析焦点として発展してきたものであった。ＣＭＳの理論家たちはこうしたアプローチに代わり、ＣＴ(批判科学)のアプローチを採用する。

表1 ハーバーマスによる社会科学の三類型

科学の三類型	主な認識利害	目的
①経験的分析的科学	技術的な認識利害	行動の統制と予測
②歴史的解釈学的科学	実践的な認識利害	意味の了解と促進
③批判科学	解放的な認識利害	自己反省を契機とした従属状態からの変質

ＣＭＳの依拠するＣＴ(批判科学)は、六〇年代後期に著されたハーバーマスの著作がその最大の理論的論拠となっている。その構想の特徴は、これまで社会科学において支配的であった経験的分析的科学がもっとも重要視する社会的世界の法則性に疑問を呈し、法則の成立は行為者の非反省的意識を前提としていることを明らかにする点にある。ハーバーマスにあっては、「われわれが反省を否認するというその事態そのものが、実証主義である」[9]ことに他ならない。しかし、もし行為者が自らの行為の法則性に対して自意識を有するようになれば、その反省作用が法則性よりも優位にたち、結果として「批判的に媒介された法則の知識は反省によって法則そのものを、妥当しないものとまではいかないにしても、応用できないものにすることができる」[10]と考えられる。つまり、社会科学はもはや社会的世界の正確な写像たることをやめ、法則性(自明性)に対する批判的反省を喚起し、現実を変質させる媒介役を引き受けることになる。

ＣＭＳの理論家たちは、こうしたハーバーマスの批判科学の構想をうけ、「事実は不可避的にある特定の価値を反映した視点のなかに埋め込まれており、究極的には、科学的主張の適切性は、それがどれほど社会的現実性を反映しているかという点からではなく、それがどれほど啓蒙的プロジェクトに寄与しているかという点から判断されるべきだ」[11]という立場を共有する。彼／女らは、科学はいまある現実の変質と行為者の解放という点から、すなわち社会的主体の自律性、責任、民主主義そして環境的に許容しうる発展等の増進にどれだけ寄与しうるか、という点から評価されるべきであると主張する。より具体的には、組織内の権力の非対称性から生じる不必要な苦痛から組織メンバーを解放し（emancipate）、権力関係を非対称的なものからより民主的なものへと変質させる（transform）ことを目的とする。ＣＭＳは、組織論が長く自明視してきた目的の所与性そのものを問い直し、手段の精緻化、効率化がなされるのはそもそも何のためかを再考するという課題をわれわれに突きつける。

こうした理論自らがある特定の価値を明示し、それにもとづき目的を設定し、その実現に向けた実践に積極的にコミットしていくというスタンス、また自ら提示した価値の実現にいかに寄与したかで科学の適切性を判断すべきとのＣＭＳの主張は、われわれがこれまで携わってきた科学の視点から見れば非常に奇異な観がすることは否めない。とはいえ、ウェーバーの社会科学者としての義務という点からいえば、ＣＭＳはどのような価値ないし目的を持って実践に関わるかを明示していることから、第一の義務（判断の前提の明示）を果たしている。また、ＣＭＳはハーバーマスが措定する上記三種類の科学（①経験的分析的科学、②歴史的解釈学的科学そして③批判科学）のうち第三の批判科学に準拠すると明言しているため、彼／女らが「科学」ないし「科学的」という言葉を用いる際には、それがどのタイプの科学を指しているかを特定すること、および彼／女らが立脚している科学は批判科学であることを考慮に入れ評価がなされねばならない。

五　結　論

これまでの議論では、マッキンタイアによって提出された情緒主義という観点からウェーバーおよびサイモンに代表される組織論の歴史を足早に通覧してきた。粗雑に過ぎるとはいえ、あえて通覧することで浮かび上がった重要な論点は、ＣＭＳの展開に顕著に示されるように「事実‐価値」もしくは「記述‐規範」という区別の再構成が本格的に始まりつつあるという事実である。

マッキンタイアの研究プログラムの特徴は、普遍性や非歴史性を有すると思われている思想ないし道徳をその生み出された時代、地域、文化内に再びコンテクスト化することにある。それをウェーバー理論に適用してみると、彼の打ち立てた「事実‐価値」ないし「あるもの‐あらねばならぬもの」の峻別は、科学が倫理的領域に無制限に言及し、さらには経済的な観察にもとづいて新たな倫理を打ち立てようとする思潮（具体的にはシュモーラー等を代表とする歴史派経済学）が支配的であった十九世紀末ドイツにおける学問状況への痛烈な反作用であり、社会を対象とする学問の科学性を救出するための「対決」であったことの重要性に気づかされる。つまり、「相手」がいて始めて成立する作業という側面を有していた。そしてその作業は、あたかも個体発生が系統発生を繰り返すかのように、サイモンが組織論の領域で管理過程学派を相手に対決するとき再び繰り返されることになる。経営学史的に興味深いことに、そのウェーバーによって救出され、サイモンによって開花した社会科学のプログラムが論理的明証性と分析手法の精緻化を極度に発展させたまさにそのときに、ＣＭＳの理論家たちによって社会科学としての存在価値そのものを問われているという現今の状況である。ウェーバー、サイモンが対決の相手とされる時代の到来である。

ウェーバー、サイモン の理論的枠内にとどまりCMSをさらに批判することはおそらく容易な作業である。とはいえ、CMSがマッキンタイアによって提出された社会科学の一般命題による予測不可能性の論証に依拠して「記述‐規範」の再構成を標榜している限り、少なくとも体系的予測不可能性を支持する四つの源泉に対する反証が必要となるだろう。もっとも、CMSの側にもウェーバー以前の歴史派経済学が陥った轍を踏まないよう注意を払うことが今後いっそう求められる。新しい相手に照らして自己を再帰的に検証し直すこと、そして対話を生産的なものにするために新しい相手でありうることがそれぞれに求められる。

最後に、CMSが単なる学問のための言語ゲームに終始するのか否か、その動向を注視し続けたい。その問に対する答はもちろん現実の組織における実践とカプリングを結べるか否かにかかっている。そこにカプリングが認められれば、それは現在の組織あるいは社会状況がCMSを必要としていることの一つの証左となるだろう。

注

（1）MacIntyre, A. E., *After Virtue: A Study of Moral Theory*, London, Duckworth, 1981.（篠崎　榮訳『美徳なき時代』みすず書房、一九九三年、一三頁。）

（2）同書二四頁。　（3）同書、三二頁。　（4）同書、三三頁。

（5）Weber, M., Die “Objektivitat” sozialwissenschaftlicher und sozialpolitischer Erkenntnis, 1904.（濱島　朗・徳永　恂訳「社会科学および社会政策的認識の『客観性』」『社会学論集』所収、青木書店、一九七一年、六—七頁。）

（6）同書、八—九頁。

（7）Simon, H.A., *Administrative Behavior*, (4th ed.), New York, Free Press, 1997.

（8）*Ibid.*, p.59.

（9）Habermas, J., *Erkenntnis und Interesse*, Frankfurt: Suhrkamp, 1968b.（奥山次良他訳『認識と関心』未来社、一九八一年、三頁。）

（10）Habermas, J., *Technik und Wissenschaft als Ideologie*, Frankfurt: Suhrkamp, 1968a.（長谷川宏訳『イデオロギーとしての技術と科学』紀伊国屋書店、一九七〇年、一六二頁。）

（11）Willmott, H. C. & Alvesson, M., *Making Sense of Management: A Critical Introduction*, London, Sage, 1994, p.48.

十二　ポストモダニズムと組織論

高橋正泰

一　はじめに

モダニズムとしての近代科学の特徴は、世界を人間の意識と物理的世界に切り離し、唯一絶対の原理によって説明できるという命題に見出される。自然はある一定の普遍的法則に従っているという考え方から、あらゆるものは条件さえ分かれば予測可能であるとみなされてきた。このような近代の科学的神話から、組織論もまた組織を客観的で、法則的に説明しようとしてきた。しかし、カオスの理論に代表されるように、「世界はある種の機械のように、決定論的に説明される」ということへの疑問が湧いてきているように思える。ポストモダニズムは、一言でいうと、このような科学的方法を万能な方法とみなすことへの懐疑的態度であり、「近代の合理主義を再考し、人間と科学の在り方を再構築する」ことである。

この懐疑的態度すなわち懐疑主義は、まさに近代科学を誕生させた基本的態度でもあった。この態度からすれば、「われわれの世界は本当に人間の意識と切り離して考えることができるのであろうか」という疑問を改めて持つことが必要であるように思える。つまり、これまでの組織論を問い直すことが必要なのである。従来の組織論の特徴は、近代社会科学を支配してきた機能主義的立場であった。機能主義的組織論は、「組織を目的合理性もしくは技術的合理性達成の手段的道具であり、組織現象は客観的にかつ法則的に説明される」[1]とみなしている。

この機能主義的組織論の論理は、組織論が成立して以来中心的概念であった。しかし、社会科学の発展によりその限界もまたみられるようになっている。それは、基本的な科学観であり、その支配的なパラダイムにあるといえる。社会科学における真理とは何かを考えなければならない。人間が人間の生み出した現象に、自然科学的な真理、法則性が存在するのであろうか。この疑問は、社会科学において基本的な命題である。これからの組織には、機能主義的発想ではなく、多様な価値を生み、それを容認する解釈的な発想が必要とされる。高付加価値を創造することが組織にとって不可欠の要素となり、組織コントロールを重視する機能主義的組織論は、これまでのような存在の意味を失いつつあるといえるかもしれない。組織現象には、技術的なそして機能的合理性だけでなく、社会的世界としての現実といった相互作用的で解釈的な、そして精神的な側面の考察が必要とされてきているし、矛盾する論理を扱うパラドックス的組織理論が求められている。

二　ポストモダニズム

ポストモダニズムという言葉は、科学研究に携わるものにとっては、魅力的ではあるが捕らえどころがなく、特に従来の組織研究の方法を踏襲する研究者にとっては曖昧で、意味がなく、時には嫌悪感を抱く言葉であるかもしれない。[2]その内容は多岐にわたり、一貫性を欠き、標準的な意味を持っていないように感じられる。しかしながら、このことこそがモダニズムとポストモダニズムを峻別する重要な鍵である。二十世紀の科学は、モダニズムの結晶であり、絶対的真理を追究する科学の姿であった。そこには、客観的で、規則的な法則性に貫かれた世界が描かれ、合理的で、標準化された社会が措定されていた。このような構造主義的社会の在り方が、今、問われている。われわれの世界は、機械仕掛けの規則的な、かつ客観的合理性に支配された世界として理解できるのであろうか。この問題を今一度、問い直さなければならない。その疑問こそが、ポストモダニズムを特徴づけているとみることができる。ポストモダニズムは、既成の確立された知識に対する二十世紀の最も偉大な挑戦の一つである。(3)

社会科学におけるポストモダニズム(4)は、合理性や真理、進歩の概念に疑問を抱くということを共通の基盤としている。理論や歴史を統一するという概念や正当化が困難な対象を見いだすことによって、ポストモダニストは歴史の可逆性、偶発性の重要さ、そして世界の浅薄さや相対性が、社会理論にとって重要な特徴であることを示唆している。(5)ポストモダン的志向の核心は、社会現象のすべてを説明するというグランド理論を求めるものではない。すべての「説明」は不確かなそして部分的なものなのである。(6)また、ポストモダンなパースペクティブは、組織の秩序を前提とはしていないないし、無秩序を重要な要素と見ているわけではない。むしろ、例えば文化を秩序化の道具として考える概念そのものに抵抗するのである。

また、ポストモダニズムは脱工業化主義と結びついているといえる。脱工業化社会の特徴は広く組織論や管理論で認識されているところであるが、仕事の意味の変化、社会的現実についての情報技術のインパクト、工業部門の縮小、そして新しい代替的組織形態の展開やサービスおよび情報部門の拡大として知られる。(7)従来の社会科学に基づく組織論は、現実の産業的（技術—経済的）もしくは政治的・制度的側面に焦点を当ててきた。ポストモダニズムは文化の側面、例えば思想、感情の構造、そして審美的な経験に焦点を当てる。この意味からすれば、ポストモダンな新しい時代は生産プロセスにかかわって組織化された強固に秩序化された工業社会と比べて、緩やかに結びつけられた多元的で、豊かなそして可変的な大衆社会をあらわしている。(8)このように、ポストモダニ

ズムは、増大する信念の多元性によって特徴づけられる。(9)

三　組織のポストモダニズム

1　組織論におけるポストモダニズム

近年の組織に関する研究には、明らかにポストモダンな研究が現れてきているようである。(10) 新しいスタイルの理論的・認識論的な志向をとったり、イデオロギーを探求するための方法論的かつ理論的方法として、ポストモダニズムから何らかの示唆を得ている者もいるようであるし、ポストモダニズムとしてみられる新しい組織の特徴を明らかにして、ポスト官僚制組織についての研究がみられる。(11) P. O. Bergは、完全に操作的で前進的な戦略的選択下にある意識的で成熟した人間によって動かされ、かつしっかりと結びつけられた合理的機械として組織を語ることを拒否し、カオスや曖昧性を、そしてイメージと超リアリティの役割を強調している。(12) 必ずしも合理性に基づく機能主義的組織論が、すべてこのように完全で、合理的なそして機械的な組織を主張しているわけではないが、少なくとも客観的合理性と規則性を志向してきたことは事実である。

組織論におけるポストモダンの問題点は、次の五つに要約される。(13)

(1)　通常科学についての問題：革命的立場

ポストモダニストはメタ理論を否定し、すべてのグランド・セオリーに疑いをもっている。この批判に対して、R. K. Mertonは中範囲理論を提唱し、データの適応範囲の限定性を示した。(14) しかし、グランド・セオリーや中範囲理論による研究プログラムにコミットすることには、ポストモダン主義者から疑問が提示されている。彼らは、T. S. Kuhnが「通常科学」(15)と呼んだ重要性を議論している。多くの科学者は受け入れられたフレームワーク内でパズル解きをしており、Kuhn 自身が明らかにしたように、このことは革新的な思考ではなく、規範的な立場であるといえる。[16]「科学者は革命的であって、パズルの解決者ではない」という立場から、科学者は競合するパラダイム間を移動することはありえないとする見方を「危険なドグマ」として、K. R. Popper は退けている。[17] ポパー流の見方をポストモダンとはいえないとしても、既存のパラダイムに対する革命的な立場や、研究の問題によるであろうが、パラダイム間の移動の可能性を議論した点は、ポストモダニズムと通じるものがある。ポストモダン主義者は多くの異なる理論的立場が同時に有効であること、そして基本的な仮説に関するこれまでの、そして現在の批判的議論の重要性を擁護するのである。

(2)　真理についての問題：フィクションの重要性

真理とは、人がそれを幻であることを忘れた幻であるかもしれない。[18] このパースペクティブに従えば、真理としてみなされるものは固定化されたものではなく、社会的な伝統から派生したものであるが故に、真理の追究は社会科学の目標としては根深い問題となる。真理は、自然に固有なものではなく、人間によって織りなされる伝統に基づいている。人間は、人間によって創造される世界に反応する。科学者は人々が知覚し、創造するフィクションを理解しなければならない。

ポストモダンは、共有された社会的世界の創造にもつ個人の知覚の重要性を強調し、「個人がいかに経験を意味づけし、社会的世界を構築し、維持するか」、そして「いかに社会的構築が確実なものとして現れるのか」に研究の注意を払ってきている。

(3)　表象の問題：客体は主体である

世界を的確に表すという問題は、ポストモダンの議論において重要な問題となってきている。ポストモダンな立場は、方法論的純粋さに対するあらゆる主張の土台を削り取ろうとしている。ポストモダン主義者にとって、事実についての自然発生的で客観的な描写を行うことのできる方法論はないのである。科学は自然を映す鏡ではないが故に、科学テキストでみられる客観性は人を惑わせるものとなる。科学の仕事は、修辞的な伝統や当然とみなされている仮説に関する解釈のコンテクストの中でおこなわれているのである。

(4)　記述の問題：スタイルの問題

もし科学が部分的であり修辞的な産物であるならば、そのスタイルが重要となる。いかに客観性が見られようと、またいかに事実がテキストに見られようと、テキストの修辞的検討を免除することをポストモダン主義者は拒否している。すべてのテキストは、どのように議論が表現されるべきであるかに関わる一連の選択をあらわしており、これらの選択はテキストの中に織り込まれている。ポストモダンなパースペクティブからすれば、研究者は社会科学においても、テキストを生み出すことになる。

(5)　普遍可能性の問題：無知の前進

ポストモダンなパースペクティブからすれば、社会科学の目指すものは普遍可能性ではない。つまり、社会科学における普遍可能性の危機には多くの理由が考えられる。それは、(a)結果に影響を与える可能性のあるすべてのコンティンジェンシー要因を隔離することは不可能であること、(b)社会科学研究の歴史的な立場に立つという容易さ、である。もし社会科学が行動の法則を生み出すビジネスではないとしたら、その目的はいったい何であろうか。社会科学は実務者と読者の間に興味と興奮を引き起こす限りにおいて、価値があるものであるかもしれない。科学における前進の概念は、「われわれは知れば知るほど、知らないことを悟る」という神話である。

以上のようなポストモダニズムの論点を理解することによって、社会科学としての組織論においても重要な示唆を得ることができる。S. Clegg は、モダニティとポストモダニティの組織論的次元を、専門化対拡散化、官僚制対デモクラシー、階層対市場、権限の剥奪対付与、硬直性対柔軟性、個人化対集団化、そして不信対信頼とみなしている。[19] しかし、ポストモダニズムの観点からすれば、このような二分法的な捉え方は当てはまらない。そもそも世界を二分法的に捉える必要はないのである。したがって、Clegg が憂慮するようなポストモダンな組織論と伝統的な組織論の分離やそれにともなう社会科学の分化は、その必然性をもっていない。

2　ポストモダニズム組織論の可能性

新しい組織の論理には、創造性、特に付加価値の創造が不可欠となる。目標に対して合理的であるという機能からは、高付加価値は生まれない。能率と有効性、および合理性を考える組織の機能の概念は、シンボリックな意味世界があって初めてその存在が組織にとって重要となる。組織の合理性は、機能によるというよりは、組織の持つ意味や価値によって決定されるのである。ここに解釈主義的組織論を考えなければならない理由がある。例えば、組織論において、ポストモダンな発想を受け入れる窓口として解釈主義的組織論としての組織シンボリズムを位置づけることができるのである。[20]

また、ポスト構造主義フェミニスト理論、ポストコロニアル分析、アクターネットワーク理論（ANT）、そして知へのナラティブ・アプローチなどの理論にポストモダニズム組織論の可能性をみることができる。[21] さらに、複雑系の理論から影響を受けているコンフィギュレーショナル・アプローチ、A. Giddens の構造化理論による組織論、[22] ナラティブ・アプローチにみる社会的構成主義の理論も新たな組織論の方向性を示唆している。

四　結びにかえて

近代哲学が出発点としたように、われわれの世界が「一方に人間がいて、他方で物理的世界が存在する」という二分法的な捉え方によって理解されるということには、懐疑の念を持たざるを得ない。少なくともわれわれが認識する現実世界は、人間が理性を持って、普遍的で絶対的な法則によって動く物理的世界を理解するというより、人間がその意識の中で世界を共有するのであり、伝統と表現されるように、人間は世界を受け継ぎ、後世に引き継ぐものであると理解される。われわれは、観客として幕の上がった舞台で演じられる機械仕掛けの劇をみているのではなく、われわれ観客と一体となった幕のない舞台で上演される、そしてリハーサルのない劇に参加しているのである。

社会科学の研究は、研究者から切り離されて論じられるのでない。少なくとも社会科学において、組織は研究者と研究者とのネットワークの中で論じられ、組織現象は研究者からその対象として切り離されて論じられるのではないのである。近代の科学観への懐疑的態度を基礎とするポストモダニズムによる組織論の展開は、機能主義の概念の下で発展してきた組織研究に、新しい組織論の可能性を示している。[23]

注

（1） Burrell, G. and G. Morgan, *Sociological Paradigms and Organizational Analysis: Elements of the Sociology of Corporate Life*, London, Heinemann 1979.（鎌田伸一・金井一頼・野中郁次郎訳『組織理論のパラダイム―機能主義の分析枠組―』千倉書房、一九八六年。）

（2） 例えば、Alvesson, M., "The Meaning and Meaninglessness of Postmodernism: Some Ironic Remarks," *Organization Studies*, Vol. XVI, 1995, pp. 1047-1075, Kilduff M. and A. Mehra, "Postmodernism and Organizational Research," *Academy of Management Review*, Vol. XXII, 1997, pp. 453-481. を参照のこと。

（3） Wisdom, J. O., *Challengeability in Modern Science*, Dorset, England, Blackmore Press, 1989, p. 5.

（4） Kilduff, M. & A. Mehra は、ポストモダニズムを懐疑的ポストモダニズムと肯定的ポストモダニズムに分け考察している。詳しくは、Kilduff & Mehra, *op.cit.*, pp. 455-456. を参照のこと。

（5） Burrell, G., "Post Modernism: Threat or Opportunity?" M. C. Jackson et al., eds., *Operational Research and the Social Sciences*, New York, Plenum, 1989.

（6） Alvesson, M. and P. O. Berg, *Corporate Culture and Organizational Symbolism*, New York, Walter de Gruyter, 1992.

(7) Lash, S., and J. Urry, *The End of Organized Capitalism,* Cambridge, Polity Press, 1987.
(8) Alvesson, M., and P. O. Berg, *op.cit.,* pp. 216-217.
(9) Jencks, C., *What is Post-modernism?,* 3 rd ed., New York, MIT Press, 1989, p. 50.
(10) 例えば、Boje, D. M., "Stories of the Storytelling Organization : A Postmodern Analysis of Disney as 'Tamara-land'," *Academy of Management Journal,* Vol. XXXVIII, 1995, pp. 997-1035, Kilduff, M., "Deconstructing Organizations," *Academy of Management Review,* Vol. XVIII, 1993, pp. 13-31, Martin, J., "Deconstructing Organizational Taboos : The Suppression of Gender Conflict in Organizations," *Organization Science,* Vol. I, 1990, pp. 339-359. を参照のこと。
(11) Alvesson, M., *op.cit.,* pp. 1058-1059.
(12) Berg, P. O., " Postmodern Management? From Facts to Fiction in Theory and Practice," *Scandinavian Journal of Management,* Vol. V, 1989, pp. 201-217.
(13) Kilduff & Mehra, *op.cit.,* pp. 462-466.
(14) Merton, R. K., *Social Theory and Social Structure,* Glencoe, IL, Free Press, 1957.（森　東吾・森　好夫・金沢　実・中島竜太郎訳『社会理論と社会構造』みすず書房、一九六一年。）
(15) Kuhn, T. S., *The Structure of Science Revolutions,* Chicago, University of Chicago Press, 1962.（中山　茂訳『科学革命の構造』みすず書房、一九七一年。）
(16) Kuhn, T. S., "Reflections on My Critics," I. Lakatos and A. Musgrave, eds., *Criticism and the Growth of Knowledge,* Cambridge, Cambridge University Press, 1970, pp. 213-278.
(17) Popper, K. R., "Normal Science and its Dangers," I. Lakatos and A. Musgrave, eds., *Criticism and the Growth of Knowledge,* New York, Cambridge University Press, 1970, pp. 51-58.
(18) Nietzsche, F., "On Truth and Falsity in their Extramoral Sense," (M. A. Mugge, Trans.), R. Grimm and C. M. Vedia, eds., *Philosophical Writings,* New York, The Continuum Publishing Company, 1873/1995, pp. 87-99.
(19) Clegg, S., *Modern Organizations: Organization Studies in the Postmodern World,* London, Sage, 1990.
(20) 高橋正泰「組織シンボリズムとポストモダニズム」『日本経営学会誌』第3号、一九九八年、三―一四頁、高橋正泰『組織シンボリズム―メタファーの組織論―』同文舘、一九九八年を参照のこと。
(21) Calás M. E. and L. Smircich, "Postmodernism ? : Reflections and Tentative Direction," *Academy of Management Review,* Vol.XXIV, 1999, pp. 649-671.
(22) Giddens, A., *New Rules of Sociological Method, New York,* Basic Books, 1976.（松尾精文・藤井達也・小幡正敏訳『社会学の新しい方法基準―理解社会学の共感的批判―』而立書房、一九八七年。）、Giddens, A., *The Constitution of Sociology: Outline of the The-*

ory of Structuration, Cambridge, Polity, 1984. などを参照のこと。

(23) ポストモダニズムによる組織科学と組織分析についての最新の議論については、Deetz, S., "Putting the Community into Organizational Science : Exploring the Construction of Knowledge Claims," *Organization Science*, Vol.XI, 2000, pp. 732-738, Stephens, C. U. and Rose-May Guibnard, "Postmodernism's Challenge to Organization Science : Self-Indulgent, or Good Medicine? An Editorial Essay," *Organization Science*, Vol.XI, No. 6, 2000, pp. 739-742, Weiss, R. M., "Taking Science out of Organization Science : How Would Postmodernism Reconstruct the Analysis of Organizations?" *Organization Science*, Vol.XI, 2000, pp. 709-731. を参照のこと。

十三　経営組織における正義

宮本俊昭

一　問題意識と本稿の目的

現代の組織秩序は崩壊の危機に瀕している。その遠因の一つとして正義の概念定義の混乱があげられるが、(1) 綜合的で普遍的な正義概念の不在の限界性を糾さねばならない。

経営の倫理的課題は、経営組織に関わる個人、組織および社会のあり方を問うことである。従って、規範論の観点から論じられるだけでは十分ではなく、社会における個人と組織のコミュニケーション構造に着眼した組織構造的視点で捉える必要がある。規範的視点と組織構造的視点の両視点から、倫理枠組理念、相補性理念、コミュニケーション倫理、価値(整合)理念を使い、実践的で生産的な正義概念を提示することが本稿の目的である。

二　現代の経営組織における病理現象の解明過程

社会的責任や組織倫理が問われる不祥事が続発している。現代組織における病理現象の実態を検討することにより、現代の社会システムの歪みの根幹にどのような組織実態と重要な示唆が隠されているかについて考察し、正義概念の討議課題について言及したい。

1　組織病理の根源要因と組織実態

組織論理の行き過ぎとその逆機能により、多くの組織犯罪や組織事故が引き起こされてきた。現実の経営組織では、市場原理や効率至上主義への皮相的な過剰適合により、経営者や従業員による組織の論理が優先され、資本の論理が急速に崩壊してきた。この『組織の論理と逆機能』を根源要因として次の二つの組織実態が顕れる(章末図1Ａ参照)。

その一つは、組織活動が多数の成員により組織ぐるみで行われる結果として、犯罪の所在と個人的責任が不明確になるという実態である。そこでは、組織論理とその逆機能により、トップを中心に曖昧な責任権限システムが展開され、組織犯罪や事故が、一見「正常」に見える組織活動や経済活動の中で、しかも全く「正常」と意識している組織人により、大規模かつ組織的に、公然と、日常活動の中で行われてしまう。その結果、どこまでが正常で、どこからが犯罪であり事件となるかの判断がむずかしく、組織内で通用する常識と社会一般の常識とが乖離する。組織犯罪の性格を持つと誰にも罪がなくなるか、組織の末端に責任が負わされるなど、事故や犯罪の真因が曖昧とされるのである。それが『不明確な責任体制』という組織実態である。

もう一つは、組織の逆機能と英米流の市場原理や効率至上主義への皮相的な過剰適応が相俟って、日本の社会や組織の精神的支柱である公平で開かれた「紐帯の意識」(2)が希薄になり、その価値混乱に起因する犯罪や事故が頻発していることである。西欧社会では、キリスト教的倫理とそれに基礎づけられる個人主義や罪の意識、さらには厳格な社会契約の理念が精神的支柱となって、英米においては効率主義や市場原理が有効に機能してきた。しかし、そのような社会的・精神的背景の希薄な日本の社会において、効率主義や市場原理の技術的側面だけが皮相的に模倣され、精神面に関する議論が疎かにされてきた。その結果として、日本の組織は開かれた紐帯の意識を喪失し、徒に閉鎖的で因習的な殻の中に埋没せざるを得なくなったように思われる。それが組織の『社会的規範の喪失』という組織実態である。

2　規範的視点

上述の二つの組織実態を規範論的な視点から捉えれば、そこに「公開性 openness」および「公平性 fairness」(3) が欠如しているという実態が確認される（章末図1B参照）。それは、過度な組織論理と逆機能に起因する病理現象の多くが、将に、組織における「公平性」と「公開性」の倫理的規範が無視された結果として生み出されてきた一般的病理現象の事例を思い浮かべれば首肯しうるところである。組織の正義を語るには、この「公開性と公平性」の二つの理念を看過して語ることはできないように思える。

「公開性の欠如」という状況は、主として日本の組織病理における「社会的規範の喪失」という組織実態と密接に関係しているといえる。何故ならば、個人、組織及び社会の間に、公平で開かれた紐帯意識が息づかなくなると、自らが従うべき社会的規範や価値観に自信を喪失し、組織は閉鎖的かつ自己欺瞞的な殻の中に埋没せざるをえなくなるからである。

同様に、「公平性の喪失」という状況は、「不明確な責任体制」という実態に大きく関わっている。何故ならば、現代組織が曖昧な責任権限システムという機能構造をもつに至り、組織内で通用する常識と社会一般の常識に乖離が生じた原因が、主として「公平性」という倫理理念が蔑ろにされてきたことに起因するものであるからである。偏ることなく、えこひいきのない公平な判断や行動が機能している組織においては、明確な責任体制を持つシステムが息づいているものである。

3　対話構造的視点

しかし、組織実態を倫理規範の側面だけで捉えていては、非実践的な規範理論に終わってしまい、生産的な理論展開が不可能となる。何故ならば、活力のある組織には多少の病的現象が常態として内蔵されているものであり、それを統御し克服する動的なプロセスを機能させる統御システムの構築こそが重要な観点となるからである。そこに実態的かつ実践的な側面としての対話構造的視点への着眼が求められる所以である（章末図1C参照）。

日本組織の病理実態を対話構造の観点から捉えなおしてみると、組織と社会の開放的で了解志向的な合意をとりつける指針としての「社会性」(4)の視点と、組織成員における公平で相互依存的なあり方と合意をとりつける指針としての「内部性」(5)の視点の2つが浮かび上がる。現実の組織をコミュニケーションのオープン・システムとして捉える場合、組織成員間での組織内対話が問われる「内部性」の関係と、一組織を超えた利害関係者の間主観的な合意が問題とされる「社会性」の関係の、二つの視点のどちらの観点が欠落しても、現実の組織本質を捉えることはできないのである。

対話構造における「社会性の喪失」という病理現象は、主として日本組織における「社会的規範の喪失」という組織実態と密接に関係しているといえよう。組織や社会との絆を重視する日本的慣行は、公平性と公開性の視点を見失うことにより、それが後進的な組織社会慣行として批判され排斥されてきた。そのために、本来ならば日本の組織社会において、経済効率主義や市場原理主義の行き過ぎを調整する役割を担う有効な調整弁であるはずの「組織や社会の紐」を尊重するという意識までもが排斥され機能しなくなる。その結果として、個人と社会、組織と社会および組織と組織間の、開かれた社会性対話の構造が崩壊してしまったのである。

また同様に、対話構造における「内部性の喪失」という病理現象は、主として日本の組織病理における「不明確な責任体制」という組織実態と密接に関係している。何故ならば、組織の中における公平で相互作用的なコミュニケーションが有効に機能しにくくなる最大の原因は、組織内部の不明確な責任と権限体制の不明瞭さに起因しているからである。

4　倫理枠組とエシカルモデル

対話構造的視点と規範的視点の表裏一体の関係性から、正義実現のための正義則としてのエシカル・モデルが導出される（章末図1D参照）。「社会性（＝公開性）」と「内部性（＝公平性）」の課題を、規範的視点と対話構造の両視点、即ち「理想的対話」の観点から捉えてみると、対話構造的視点の「社会性」と規範的視点の「公開性」の課題から、排他的ではなく、互いに相補い、互いに矛盾した二項対立したものを共存させて新しい認識に導くという「相補的対話」の概念が見える。

同様に、対話構造的視点の「内部性」と規範的視点の「公平性」の課題からは、利害関係者間における便益や恩恵を、偏らずえこひいきのないように配慮する「互恵的対話」の概念が展開できる。ここにおいて、この相補的対話と互恵的対話の両概念から「相補的・互恵的なコミュニケーション構造」の理念が導出される。以上が、正義則実現のための装置としてのエシカル・モデルである。

三　コミュニケーションおよび相補性理念の検討過程

二において、本稿の正義定義に不可欠の「倫理枠組とエスカルモデル」について論究してきたが、本節では「コミュニケーション倫理」および「相補性理念」の二つの重要な概念について検討を加えておかなければならない。この三つの概念と後述する価値軸モデルによって、本稿の「正義」の概念定義を行うことになる。

1　倫理の本質的課題としての「コミュニケーション」の検討

ニクリッシュは、共同体組織の中の個人とその共同体組織との間で、「与えられた自由と拘束」の間のバランスをとることが経営の倫理的課題と捉え、個と全体の同時的解決、即ち、個と全体のコミュニケーションの必要性に言及する。シュタイマンは倫理の課題が個の内面性と全体の社会性との間の倫理的在り方にあるとし、相補的で協調的な合意に基づく理想的対話の構造の必要性に言及した。水谷雅一は、経営効率性と経営公共性の二つの原理を提示し、その二つの原理を相反する利害を有した関係として捉え、その両者の利害を調整するために、両者の間のコミュニケーションによる了解と納得が必要になると言う。この相補的かつ互恵的なコミュニケーション構造の構築は、経営倫理論の中核的課題というだけではなく、個と全体の同時的発展を組織論の究極課題としたバーナードの組織論の命題でもある。組織論と経営倫理論の究極的課題は共通している。人間社会に生起するコミュニケーションは、人間と社会組織との倫理的かつ構造的な関係性において捉える必要がある。

２「相補性理念」の検討

組織的存在である人類は「個の主観相対と全体の客観普遍との葛藤」や「個優先（唯名論）と全体優先（実在論）」の命題に悩まされてきた。それが個と全体との二項対立の解決課題として捉えられたために、人類は不幸にしてこの命題を、永久に解決し得ない課題として対峙し続けなければならなかったのである。しかし、この課題を個と全体との二項対立の相容れない理念としてではなく、個と全体の同時的ないしは相補的なプロセスの動的な流れの中で捉えれば、組織の中での個と全体の課題の解決に光明を見い出すことができる。

ワイスコフは、人間存在の構造が主体と客体の二律背反の二極を成すが、この二極が相互依存的関係にある同じ全体の二つの側面であると言う。対立するものは同じであって、われわれはその対立するものの変化の一面を見ているに過ぎないとするヘラクレイトス。主客は二項対立の関係から出発するが、それが同一の状態を目指し、弁証法的な動的エネルギーの存在する状態を、個と全体社会の在り方だとしたヘーゲル。人間の行為が社会関係の網の目をつくり、個人と社会全体の対立する二つのバランスとして事実を観察する必要性を説いたパレート。

個人主義と全体主義との同時的発展を目指し、相補的なバランスこそが組織の道徳を保証する必要条件であるとしたバーナード。価値は絶対的なものではなく、時間や空間が変わると逆の結果になるという動的な多層倫理の概念を提示したヤンツ。企業活動を経済的対位法を持った単位集合として捉え、一方が他方の目標実現のための触媒作用として機能すると説いたチェンバレンなど。これらの先賢の知見が示唆することは、「二項対立の認識から出発しながらも、その相補的な動的プロセスを追い求めることにより、個と全体を相補的な関係に収斂させる本質的な解決の手段が存在する」ということである。これが本稿の正義概念の定義に使う相補性理念である。

四　経営組織における「正義」とは

以上において検討してきた、倫理枠組理念、相補性理念、コミュニケーション倫理の概念を使って、価値（整合）軸モデル(6)に基づいた本稿の「正義」の概念を定義すれば以下のようになる。

1　価値視点の整合・矛盾・混乱による正義と不正義の類型化

章末図2Aは、縦軸に「全体優先と個優先の価値軸」を、横軸に「主観・相対と客観・普遍の価値軸」を設定し、四つの領域における価値整合と価値矛盾の状態を図示した「価値（整合）軸モデル」である。この価値（整合）軸モデルを使って、本稿で提示した、倫理枠組と相補性理念に基づく本稿の正義および不正義の状態を確認する。

「価値矛盾a」は、全体優先でかつ主観相対という価値矛盾（不正義①）の状態にある。それは、全体の主観相対化というカオス的無統制の状態であり、規範的倫理を課題として問われる価値矛盾の領域といえる。また、「価値矛盾b」は、個が優先されかつ客観普遍となる価値矛盾（不正義②）の状態にある。個の普遍絶対化、即ち独善的支配体制や権威主義の支配する、内面的倫理を課題として問われる価値矛盾の領域である。

「価値整合A」は、全体優先かつ客観普遍という価値整合（正義①）の状態にあり、「社会正義」と呼ばれる領域である。ここでは、対外的に開かれた社会全体の了解志向的な合意規範が成立し、関係者が互いにその社会規範に拘束されている。それは、「組織全体の倫理」や「市民倫理」と呼ばれ全体倫理の対象領域である。

また、「価値整合B」は、個の優先と主観相対の価値観が整合する「内部正義（正義②）」と呼ばれる状態である。即ち、それは〈良心による自由〉の概念に基づく、個の内なる自己対話としての個的倫理の対象領域である。そこでは、個々の成員の主観性や相対性が許容され、内なる公平性としての良心に従うことを前提とした自由が保証され、成員の内的もしくは互恵的な対話が尊重される。

現実の経営組織において、上述の全体重視（社会正義）と個重視（内部正義）の状態が達成されることすら容易ではない。そのために、内部正義と社会正義の一方もしくは二項対立の立場に基づく議論が多くの研究者によって展開されることになったのである。この二項対立の議論が、実践的で本質的な正義の議論の進展を妨げることとなったと考える。

社会正義（正義①）と内部正義（正義②）の概念だけでは、組織における「正義」の状態を十分に説明することはできないというのが本稿の主張である。正義①と正義②の二つの関係だけでは、個と全体の相補的関係を捉えるという究極の倫理課題が残されている。

個的倫理としての正義②と全体倫理としての正義①がそれぞれ価値整合の状態にあったとしても、その両者の間に互恵的で相補的な弁証法的かつ動的関係が維持できなければ、価値混乱ｃ（不正義③）の領域であり、社会性倫理の課題として検討されなければならない。即ち、「社会正義」と「内部正義」だけではなく、個と全体の利害関心の間主観的な合意形成の結果としての「相補正義」の理念の導入が不可欠となる。多くの研究者が問題としてきた正義の定義においては、この価値相補の関係としての相補的な視点での正義の議論が欠落しているといえるが、その混乱した正義認識ゆえに、実践的で本質的な正義の議論が進展しなかったのである。

2　本稿における「正義」の定義

章末図2Bに図示したように、組織における正義の状態には、『社会正義』、『内部正義』および『相補正義』の三つがあるが、社会正義と内部正義との状態が確保されているだけでは本稿の求める正義の状態ではない。その両者の間の互恵的で相補的な関係が保証されてはじめて、本稿の求める正義が達成される。本稿の正義の概念では、社会正義と内部正義の実現とその二項対立的なあり方をも前提とした上で、その両者の相補的関係性に着眼した「相補正義」の理念の存在を強調しなければならないのである。

本稿の『正義』の概念を定義すれば、「公平性および公開性に基づく一定の評価基準に従って、(個と全体の)互恵的かつ相補的な関係として人間行動及び組織制度を認識し維持しうる対話構造を機能させること」となる。

注

(1) 現実組織の秩序の判断基準としての「正義」の概念は、恣意的、規範的、二項対立的などの相対的限界性を持ち、それらに普遍的定見が無いことが、今日の組織秩序の崩壊をもたらす最大の根源であることに気付く必要がある。
(2) 人間を社会や組織から逸脱させないように引き止める、ハーシーの指摘する「紐帯bond」が希薄化している。詳しくは、T・ハーシー『非行の原因』森田・清水訳、博文堂、一九九四年を参照されたし。
(3) 邪曲がなく明白で正しく、偏らずえこひいきがなく、公衆に開放されていることを指す倫理則。
(4) 社会における個と全体のあり方としての組織枠組概念で、そこでは個と全体の了解志向的な合意が課題とされる。
(5) 成員の互恵的な関係性とその在り方としての組織枠組概念で、そこでは公平性と互恵的な合意が課題とされる。
(6) 縦軸と横軸の理念が矛盾する状態を「不正義」、矛盾しない状態を「正義」とする価値整合を論理的判断基準として設定した軸。

図１　組織病理の裏に隠された倫理枠組とエシカル・モデル

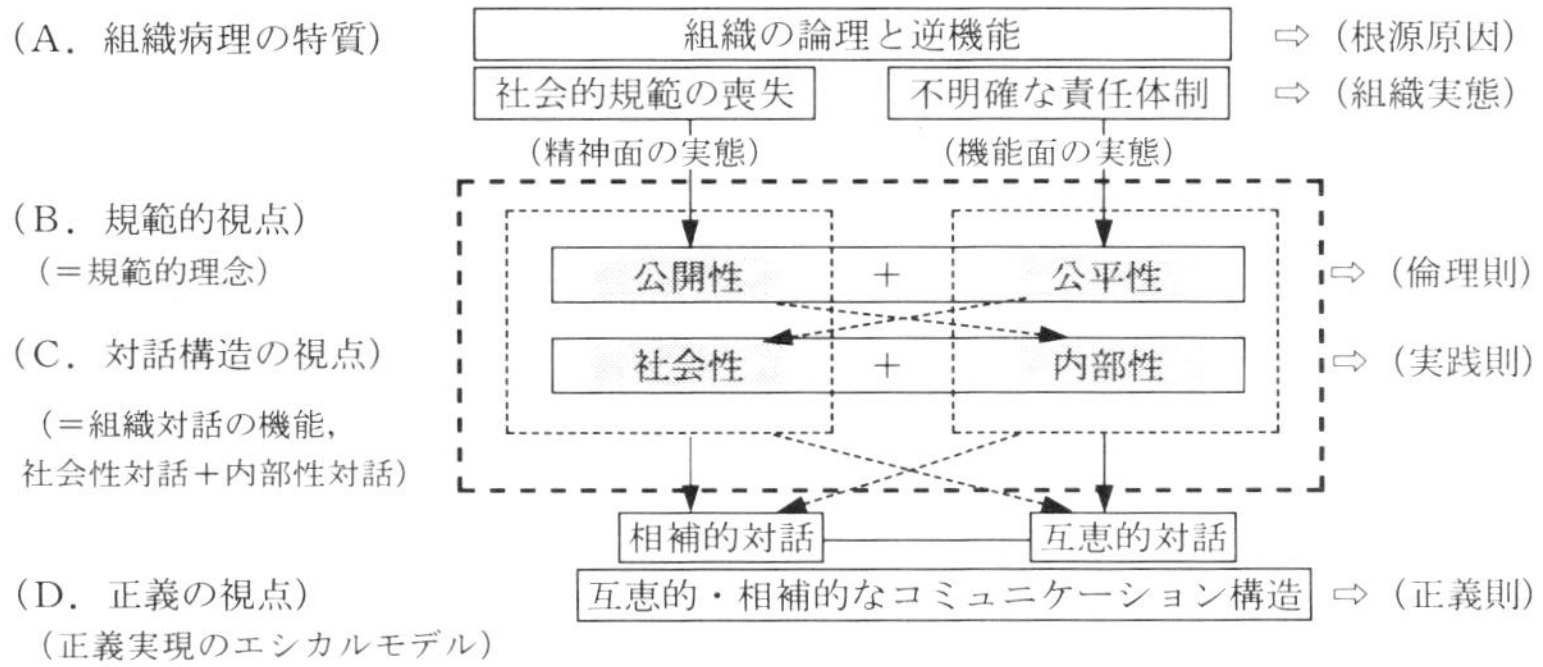
（A．組織病理の特質）
組織の論理と逆機能
⇨（根源原因）
社会的規範の喪失
不明確な責任体制
⇨（組織実態）
（精神面の実態）
（機能面の実態）
（B．規範的視点）
（＝規範的理念）
公開性
＋
公平性
⇨（倫理則）
（C．対話構造の視点）
社会性
＋
内部性
⇨（実践則）
（＝組織対話の機能，
社会性対話＋内部性対話）
相補的対話
互恵的対話
（D．正義の視点）
互恵的・相補的なコミュニケーション構造
⇨（正義則）
（正義実現のエシカルモデル）

図２　価値軸モデルによる正義の状態と正義の概念

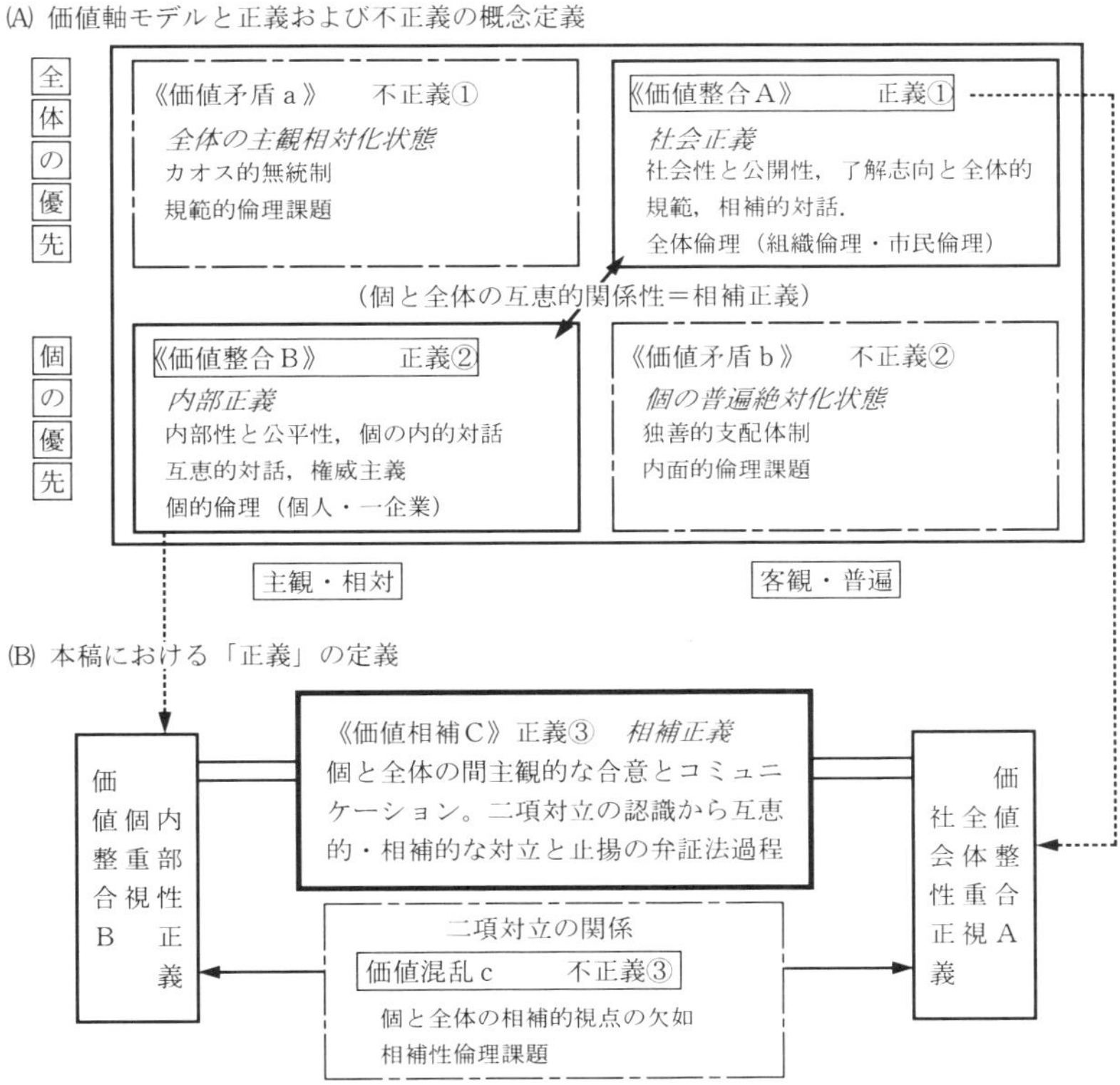
(A) 価値軸モデルと正義および不正義の概念定義
全体の優先
個の優先
《価値矛盾ａ》　不正義①
全体の主観相対化状態
カオス的無統制
規範的倫理課題
《価値整合Ａ》　正義①
社会正義
社会性と公開性，了解志向と全体的
規範，相補的対話．
全体倫理（組織倫理・市民倫理）
（個と全体の互恵的関係性＝相補正義）
《価値整合Ｂ》　正義②
内部正義
内部性と公平性，個の内的対話
互恵的対話，権威主義
個的倫理（個人・一企業）
《価値矛盾ｂ》　不正義②
個の普遍絶対化状態
独善的支配体制
内面的倫理課題
主観・相対
客観・普遍
(B) 本稿における「正義」の定義
価値整合Ｂ
個重視
内部性正義
《価値相補Ｃ》正義③　相補正義
個と全体の間主観的な合意とコミュニケーション。二項対立の認識から互恵的・相補的な対立と止揚の弁証法過程
価値整合Ａ
全体重視
社会性正義
二項対立の関係
価値混乱ｃ　不正義③
個と全体の相補的視点の欠如
相補性倫理課題

十四　企業統治における法的責任の研究
――経営と法律の複眼的視点から――

境　新一

一　はじめに

企業は営利性（私益を追求する性格）を有すると同時に社会性（公益を要請される性格）を有する。しかし、今日、企業に損失補塡、利益供与、製造物責任、欠陥情報隠蔽などの事件(1)及びそれに伴う代表訴訟が続発している。そこでは経営者の権限と責任、特に、取締役の責任（善管注意義務、忠実義務の遂行）が争点となる。真の企業統治（コーポレートガヴァナンス corporate governance）を実現するためには企業全体として法的責任の位置づけを明らかにする必要がある。当該課題は経営と法律の交錯するテーマともいえよう。

本稿は株主代表訴訟判例の解釈、検証から企業統治における法的責任の在り方を検討することを試みる。一九九〇年代から一層顕著になった企業の法的責任、企業の経営行動における諸問題を「経営と法律」の複眼的視点から論考することを目的とする。経営判断と司法判断の調整、企業統治の有する可能性を考察する。

二　経営と法律の分析視点

私たちは企業の経営行動を多角的視野から分析していくことを求められる。企業は拡大再生産しながら、利益（特に私益）を極大化させ、利害関係者との不可分な関係の上に持続的に成長、発展する一連の経営行動をとる。(2) 利害関係者（ステークホルダー stakeholder）とは株主、従業員、取引業者、消費者、国・地方公共団体、地域社会等である。企業経営に関する理念、戦略、組織、管理、財務、人事・労務、生産・販売、情報、国際経営などが経営学の分析視点である。

一方、人格を有する企業という存在（「法人」という表現がある通り）にはその秩序を維持するため、その構成員に対して一定の行為を命じる、もしくは禁ずる社会規範が必要である。この社会規範は法律と呼ばれる。同じ社会規範であっても、倫理は強制力を伴わない点で法律と区別されよう。法律は一般に承認されかつ終局的には強制力によって実現されるものである。しかし、法律は単に行動を制限するだけでなく、各人が選択した目標の実効的な実現を促進し援助する便宜を提供する。法律は人々の能力、エネルギーを拡大・解放し、社会的相互交渉活動を促進するための公的枠組みを確立、維持することを目指す。権利主体、契約、財産権とその保護、訴訟と執行などが法学の分析視点である。

経営は企業に関する積極要素であるのに対して、法律は企業に関する消極要素ともいえよう。経営の視点からは利益、法律の視点からは費用が意識される。従来は利益を意識するあまり、費用を節約する傾向があった。しかし、社会的責任を果たすために費用をかけることは、企業経営にとって長期的には利益となることを認識しなければならない。

本研究は以上の「経営と法律」の複眼的な視点から企業の経営行動を分析する。(3)その際、企業事件の発生と提訴の前後で発生する企業業績（売上、利益等）の変化にも注目する。経営と倫理の観点から分析することを目指す経営倫理の研究も既に展開されているが、(4)国際社会の中で強く意識され、現実の企業経営に不可欠となるのは「経営と法律」の観点である。経営の目指す利益と法律の目指す公正・衡平をどのように実現すべきか、を検討しなければならない。経営、法律には各々の判断基準とその表裏の関係としての責任が存在するのである。

三　企業と取締役の責任

1　企業の社会的責任

本稿で取り扱う社会的責任とは経営的責任（利益追求、利益分配等）と法的責任（法令遵法）が中心となる。ただ、それぞれの責任は完全に分離されるものではない。例えば、経営的責任と法的責任は相互に関わりが深く、経営的責任は多分に法的責任と相克する部分、抵触する部分をもつ。法的責任は原則、法の条文に明記され、定義されたものでしかとらえられない。そのため経営者は法的責任の明記を避け、可能な限り損害賠償の危険を回避し、倫理的責任を拡大解釈して対処する傾向にある。法律の根底には一部に倫理が存在し、その両者の関係も社会変動とともに変化する。従って、倫理的責任と法的責任の境界も時代とともに変動するわけである。一般に倫理に関しては、カントによる義務論、目的論（特に功利主義）の大きく二つの考え方が存在する。(5)ただし、倫理に関する義務論、功利主義はともに問題点を抱えている。(6)

経営と法律ないし倫理は一見すると相反する概念のように受け取られる。経営は効率化と量的拡大で利益を極大化することに価値を見いだす。一方、法律は公平を追求し、構成員に対する相応の費用負担を要求する。両者は相容れない概念であるとすると、そこから導き出されるのは、合法的であれば全て許容される自由放任の経済社会である。しかし、そこには決定的な誤りが存在する。自由放任は自らを厳しく律する社会規範が背後にあってこそ認められるべきものである。アダム・スミスが「神の見えざる手」といい、私益の追求が公益の最大化につながる予定調和の世界を描いたのも、背景に宗教的道徳や倫理的価値を置いていたからに他ならない。(7) 現在の市場経済にはそれが欠落している。企業は、任意・自主的な規制、不文律等の、強制力を伴わない倫理的責任の問題に転嫁してきたが、経営の大義名分のもとに、違法行為を正当化することは決して許されない。

バーリとミーンズは、専門経営者の登場を主張した。(8) しかし、我が国では取締役は、昇進の延長にあり専門経営者とは呼べない場合が多く、資本家と経営者は区別されなかった。こうした状況では、いずれの企業においても真の株主重視の経営は不可能である。特に、法令遵守（コンプライアンス compliance）が問題となろう。

2　株主代表訴訟と請求事由

企業が社会的責任に反する経営行動をとり、企業事件に発展するとき、利害関係者たる株主が企業の取締役に対して損害賠償を訴えるものが株主代表訴訟である。企業事件は株主代表訴訟の直接、間接に誘因となる。一九九三（平成五）年一〇月の改正商法施行により、株主代表訴訟の件数が増えている。それは株主代表訴訟の手数料が一律八二〇〇円に下がり、株主が取締役の経営的責任を追及することが容易になったことによる。

訴訟において原告株主の請求が棄却されるケースが多数存在するのは、被告取締役に対して原告株主に課せられる情報収集・挙証責任の重さと無縁ではないと考えられる。一方、訴訟の和解や提訴取消しの是非については見解が分かれるところである。(9) 確かに、和解は企業にとって迅速な解決であり、これ以上の損失を抑える手段になる。しかし、経営行動の問題点が隠蔽される危険性を含み、判例の集積による司法判断が重要となる。

3　取締役の責任

株主代表訴訟が提起される原因として、ここでは特に経営者（代表取締役、取締役、役員と同義である）が商法等の個別法令に違反した場合の責任について以下に列挙する。(10)

a　一般的責任

商法第二五四条三項及び民法第六四四条（善管注意義務）、商法第二五四条の三（忠実義務）が基本である。会社と取締役の関係は委任であり、受任者である取締役は善良な管理者の注意を払い委任事務を処理する義務を負う。また、取締役は法律、定款、株主総会の決議を遵守し、会社のために忠実に職務遂行する義務を負う。但し、善管注意義務や忠実義務は、法律に明記されていない責任（経営判断、情報開示、監視責任に関する過失や懈怠）も含む。

b　利益供与の禁止

利益供与の禁止規定は、商法第二九四条の二（利益供与の禁止）、商法第四九七条（利益供与の罪、罰則規定）であり、きわめて重要である。

c　法令・定款違反の責任

取締役が法令又は定款に違反した行為をした結果、会社が損害を被ったときは、取締役は、その損害を賠償する責任を負う（商法第二六六条第一項五号、民法第四一五条）。

取締役が、取締役会の承認を得ないで競業取引又は利益相反取引をした結果、会社に損害を与えれば、取締役の法令違反行為により損害賠償責任を負う。取締役が、相当な注意を用いて職務を遂行すべき注意義務に違反した結果、会社に損害を与えたときも、取締役の法令違反となる。利益供与の責任もこれに当たる。

d　違法配当の責任

代表取締役が、利益配当の制限規定（商法第二九〇条第一項）に違反して、配当できる利益がないのに、違法に利益処分案（商法第二八一条第一項四号）を作成して定時総会に提出して承認を受けた結果（商法第二八三条第一項）違法な利益配当をした場合には、当該代表取締役は違法に配当された額を会社に弁済する責任を負う（商法第二六六条第一項一号）。代表取締役が、中間配当に関する規定（商法第二九三条の五）に違反して、違法に中間配当したときも、会社に対して違法に中間配当された額に相当する金額を弁済する責任を負う。

違法配当の議案の提出が、取締役会の議決に基づいてなされたり（商法第二八一条第一項）、違法中間配当が取締役会の決議によって行われたときは（商法第二九三条の五第一項）、その取締役会で承認決議に賛成した取締役は、自ら違法な利益配当をしたものとみなされて（商法第二六六条第二項）、違法配当又は違法中間配当をした代表取締役と連帯して、会社に対して弁済する責任を負う。

e　利益相反取引の責任

取締役会の承認を得て、取締役が会社と直接取引したり、代表取締役が第三者と間接取引をした結果、会社が損害を被ったときは、直接取引については当該取締役個人が、間接取引については当該代表取締役が、会社に対して、会社が被った損害を賠償する責任を負うとともに（商法第二六六条第一項四号）、取締役会の承認決議に賛成した取締役全員が連帯して会社に対して損害を賠償する責任を負う（商法第二六六条第二項）。

f　第三者に対する責任

取締役は、会社以外の第三者である株主又は会社債権者等に対しても責任を負う。つまり、下記の職務懈怠による責任、不法行為責任、虚偽記載による責任などがある。

職務懈怠による責任としては、商法第二六六条第一項、民法第七〇九条、商法第二六六条の三第一項等である。一方、虚偽記載の責任としては、商法第二六六条の三第二項等である。無過失を証明するために、欧米の適切な企業では、常日頃、正当な注意を怠っていないことを証明するために記録を整備・保管して置くこと（ドキュメンテーションdocumentation）は、当然の慣習となっている。勿論、日本企業においても当該慣習が意義を有する。

g　責任の免除

会社に対する取締役の責任は、原則として、株主総会の同意がなければ免除することはできない（商法第二六六条第五項）が、適法な利益相反取引による損害賠償責任だけは、発行済株式数の三分の二以上の多数をもって免除することができる（商法第二六六条第六項）。

取締役の会社又は第三者に対する損害賠償責任は、損害額に相当する金額を支払うということであるので、そのような行為が行われてから一〇年間を経過すれば、時効によって消滅する（民法第一六七条第一項）。

h　会社に対する特別背任罪

取締役、監査役等が、自己又は会社を害することを図ってその任務に背き会社に財産上の損害を加えた場合は、七年間の懲役又は三〇〇万円以下の罰金に処す（商法第四八六条第一項）。

4　企業統治と経営判断の原則

経営者による企業統治が目指すものは、経営の透明性（transparency）、説明責任（accountability）、利害関係者間の均衡維持（balance）、法令遵守（compliance）である。企業を統治する者は企業価値を創造し、増大させる使命を帯びている。[11]わが国の企業統治の類型は、商法の規定する株式会社の機関構成として、株主総会、取締役会（代表取締役）、監査役（会）を基礎にしており、株主総会の統制を基本とした代表取締役の職務執行は、取締役会の監督機能と監査役の監査機能の両面からの二元統制となる。企業統治の中核となるのは取締役会および代表取締役社長が、統制環境、リスクの評価、統制活動、情報と伝達、監視活動の五つの要素を整備・運用し、業務の有効性と効率性、事業報告の信頼性、法令遵守という目的を達成する意思決定過程たる内部統制である。[12]

企業統治の基礎となるのは経営判断の原則である。経営判断の原則（business judgement rule）とは米国で導入されているルールである。取締役が当該原則に従ってなした意思決定であれば、取締役の責任は法的に追及されない。そして、このルールを適用すべきか否かの境界は取締役が通常の努力で入手可能な重要情報を十分に調査した上でなされた判断であったか否かに依存する（米国では informed judgement という）。[13] 我が国では日本監査役協会・法規委員会報告において経営判断の原則が定義されている。[14] ただ、現行法令には経営判断の原則が明記されていないことに留意しなければならない。経営判断に伴う責任は経営的責任と法的責任の交錯点にあるのである。

四　株主代表訴訟・大和銀行事件の判例研究

株主代表訴訟の特筆すべき事例として大和銀行の株主代表訴訟（以下、大和銀行事件）の事例を検証する。[15]

1　事件概要と訴訟経緯

本事件は一九九五（平成七）年一一月に、同被告及び銀行が帳簿等虚偽記載等の二四の訴因に基づき米当局から刑事訴追されたことから明らかとなった。大和銀行ニューヨーク支店の現地採用の嘱託社員（被告）が、約一一年間にわたり、米国債の無権限取引を行い、一一億米ドルの巨額損失を大和銀行に負わせたものである。一銀行の損失事件が日本の金融システムに大きな衝撃を与える事件に発展した原因は、大和銀行及び大蔵省の事件隠蔽、及び監督する官僚の裁量権、運用権の弊害である。[16]

一九九五（平成七）年一一月二七日、株主グループは現・元取締役及び監査役三名を相手取り、ニューヨーク支店における行員の不正取引を見逃し、事件発覚後も適切な措置を怠ったことは、取締役としての忠実義務に反し、発生した損害を会社に賠償すべきであるとして、大阪地裁に第一次株主代表訴訟を提起した。

大和銀行の連結企業業績（収益、利益）は事件公表及び提訴の前後で、大幅に変化した。一九九五年三月と一九九六年三月における経常収益は一一四二↓一〇三三、経常利益は一一↓▲五六（単位・一〇億円）と下落した。

大和銀行は、一九九六（平成八）年二月二八日、米国連邦地検との司法取引に応じ、罰金三億四〇〇〇万米ドルを支払うことで合意し、裁判の長期化、損害の拡大を回避する決定を行った。

当該司法取引による罰金支払いに対して、すでに株主代表訴訟を提起している株主グループは、一九九六（平成八）年五月八日、前述の司法取引によって新たに発生した損害額に対して大阪地裁に第二次株主代表訴訟を提起した。大阪高裁は一九九七（平成九）年一一月及び一二月の本決定の中で内部統制システムに言及し、代表取締役、海外支店長であった業務執行取締役等には、部下のディーリング業務を監督任務があり、危険な証券ディーリング業務に伴う不正の発生拡大を防止するため内部統制システムを構築し実施する義務がある、とした。

そして、二〇〇〇（平成一二）年九月二〇日、大阪地裁は元役員らに対して七億七五〇〇万米ドル（約八三〇億円）の損害賠償を命ずる第一審判決を下した。しかし、法的責任不問のまま、翌年一二月、和解が成立した。(17)

2　当該判決の論点

先ず取締役の責任及び代表訴訟の在り方である。取締役の責任については判決が示すように「適切な検査方法採用」を怠り「取締役としての善管注意義務違反及び忠実義務違反」したことは明らかである。第一義的には元行員の不正行為であったが、損失が拡大する前にそれを発見することが可能であった役員側の責任が回避されるものではない。八三〇億円という支払不能な金額との批判もあるが、現実には全財産を没収後に自己破産せざるをえない。ところが財界・政界では経営者が萎縮することを懸念し、上限を年収二年分に限るように、いわば実質的な免責を求めて商法改正を検討している。これでは経営的責任を希薄化させるおそれなしとしない。

次に訴訟と行政との関わりである。大和銀行は米国への報告が遅れたことで、司法取引にて三億四〇〇〇万ドルを支払うだけでなく、米国からの撤退を余儀なくされた。しかし大和銀行から連絡を受けながら報告を遅滞させたのは当時の大蔵省銀行局長による指導であった。少なくともこの面で問われるべきは大蔵省（行政）の責任である。大和銀行事件に限らず多くの政策的失敗で主権者・納税者・国民は大きな損失を蒙りながら、行政当事者の責任が問われることが殆どない。その矛盾に光を当てたことが本判決の意義ではなかろうか。官僚の経営倫理の欠如（モラル・ハザード moral hazard）を放置することは許されない。

株主代表訴訟の判例を積み上げ、「経営と法律」の関係、経営判断と司法判断が相互補完しあって経営的、法的責任を問えるシステムを確立していくことが望まれる。

五　結　び

本研究の示唆は次の通りである。すなわち、第一に企業統治における法的責任を明確にすることが必要である。責任の当否を分ける経営判断の原則は法律に明記されるべきであろう。また、取締役は内部統制を中核とする企業統治を確立し、責任に相応しい報酬を確保する一方、責任に見合う賠償支払の義務を負うべきである。企業の取締役が法的責任として問われる善管注意義務や忠実義務は、その解釈によって内容、法的責任の適用範囲が変化する。そのためにも株主代表訴訟の判例が集積され、裁判の過程で司法判断が確立されるべきであろう。第二に経営成果の追求と法令遵守の均衡を堅持することである。例えば金融機関の場合、預金者保護の精神、信用の秩序を守ることである。そのためには適正な資金配分や倫理憲章・綱領等の実行が不可欠である。利害関係者間の利害調整も軽視できない。第三に完全な情報公開の必要である。企業の情報公開法を確立し、企業の取締役と監督官庁の責任を明らかにすべきである。社会的責任を担保できる社会システムが待望される。

注

(1)『日本経済新聞』二〇〇〇年七月三日付朝刊、『同』二〇〇〇年七月二十七日付朝刊。
(2) 稲葉元吉『経営行動論』丸善、一九七九年、山倉健嗣『組織間関係』有斐閣、一九九三年、E・T・ペンローズ（末松玄六訳『会社成長の理論』ダイヤモンド社、一九八〇年）。
(3) 境　新一『現代企業論――経営と法律の視点――』文眞堂、二〇〇〇年、同「企業統治における法的責任の研究――企業事件判例を通して――」『東京家政学院大学紀要第四一号人文・社会科学系』二〇〇一年。
(4) 水谷雅一『経営倫理学の実践と課題』白桃書房、一九九五年、西岡健夫『市場・組織と経営倫理』文眞堂、一九九六年、Evan, W and Freeman, R., "A Stakeholder Theory of Modern Corporation: Kantian Capitalism," In Beauchamp, T. and Bowie, N. (eds), *Ethical Theory and Business*, 3rd Edition, Prentice-Hall, 1988.
(5) I・カント（篠田英雄訳『道徳形而上学原論』岩波文庫、二〇〇〇年）。
(6) 加藤尚武『現代倫理学入門』講談社学術文庫、一九九七年。
(7) A・スミス（大内兵衛・松川七郎訳『諸国民の富』岩波文庫、一九七五年）。
(8) Berle, A. A. & G. C. Means, *The Modern Corporation and Private Property*, Macmillan, 1932.
(9) 太田勝造『裁判における証明論の基礎――事実認定と証明責任のベイズ論的再構成』弘文堂、一九八二年、鳥飼重和「株主代表訴訟の諸問題」『民事法情報』一九九七年、一三一号。
(10) 末永敏和『コーポレート・ガバナンスと会社法』中央経済社、二〇〇〇年。
(11) 榊　俊作・神林秀明『企業価値創造マネジメント』中央経済社、一九九九年。
(12)「経営判断原則と監査役の留意事項」『月刊監査役・臨時増刊』№四〇四（一九九八・一〇・二〇）。
(13) 大橋敬三、C・R・ヘルム『株主代表訴訟』中公新書、一九九五年。
(14)「企業経営における内部統制と監査役」『月刊監査役』四三〇号、二〇〇〇年六月。
(15)『判例時報』一九九八年四月、一六二八号、『同』一七二一号、二〇〇〇年十一月。
(16) 境　新一「銀行グループの海外拠点における紐帯と業績――興銀と長銀の事例を通して」『国際ビジネス研究学会年報』第六号、二〇〇〇年。
(17)『日本経済新聞』二〇〇一年一二月十二日付朝刊。

十五　企業統治論における正当性問題

渡辺英二

一　序

大企業の企業権力、統治の問題を最初に提示したのはバーリ＝ミーンズ（一九三二年）である。[1] それは経営者支配論として理解され権力・統治の問題として議論されなかった。[2] 権力・統治の観点から経営者支配の正当性を問題にしたのは、P・F・ドラッカーや三戸公教授等僅かである。[3] また数少ない彼らの議論の有効性も十分に議論されてはいない。

本稿は、企業統治に関わる正当性問題を理論化していくことを大きな狙いとしている。ここでは、その中核的問題である経営者支配の正当性に関する主要な議論を取り上げ検討する。最初に、ドラッカーによる経営者支配の正当性問題の提起とその後の展開をみることで、正当性議論の方向性とそれを問題とするレベル・次元を明らかにする。次に、近年の統治論の動向をふまえた上でドラッカー正当性論を批判的に展開されている三戸公教授の論説を検討する。三戸教授の所説を検討することで、経営者支配の正当性をめぐる議論の到達点を確認する。最後に、その意義・問題点をより深く問うために、この問題の原点であるバーリ＝ミーンズの議論に立ち返る。

それによって何故正当性を問題にしなければいけないのか、いかなる要因が正当性問題を引き起こすのかを問い、この問題の根幹を明らかにする。

二　正当性議論の方向性と問題の次元

P・F・ドラッカーは、今から半世紀も前の段階で大企業を統治体と把握し、その担い手としての経営者の正当性を問題にしてきた。ドラッカー正当性論の最大の特色は、社会理論の中に会社権力、経営者権力およびその正当性を位置付けた点であろう。ドラッカーは現在に至るまで様々なかたちで経営者の正当性や責任について論じている。その正当性論を議論の方向性や問題のレベルの視点から見ていくことにしよう。

ドラッカーはまず『産業人の未来』（一九四二年）において、産業社会の代表的な制度である株式会社における権力、すなわち経営者の権力を問題とし「株式会社制度における権力の基礎は財産権に由来する。しかしながら現代大企業において経営者の権力は株主とは関係なく、株主によって制御されず、株主に責任を負っていない。しかも、経営者が行使している権力の正当な基盤として財産権にかかわるものは何も見つかっていない」(4)と経営者支配を非正当と断定している。戦後になると、大企業を産業社会における代表的・決定的・基本的制度と把握した『新しい社会』（一九五〇年）において「大企業への投資家には所有権を与えるべきではなくて、経済的報酬に対する権利主張だけを与えるべきである」(5)と論じている。株式会社制度に立脚して経営者支配を非正当と断じた戦前から、一転して経営者支配を正当化するために株式会社制度の変革を提唱している。その後ドラッカーは、経営者はいかに機能すべきかの観点から経営者の責任を問い続ける。そのエッセンスはドラッカーマネジメント論の集大成とも言える大著『マネジメント』（一九七四年）における「マネジメントは社会制度における一個の器官であり、企業とか社会的サービスのための組織体もまた社会の器官である。それらは社会から要求される業績をあげること、課題(task)の達成においてのみ存在理由があり、その権威と正当性の根拠はある」[6]に尽きると言えよう。

ドラッカーの正当性議論を整理するとまず、①財産権・株式会社制度に立脚して経営者支配を非正当と断じた。②次に非正当な経営者支配を正当化するために株式会社制度の変革を論じた。③その後経営者はいかに機能すべきかという観点から経営者の責任を問い続けた。その個々の議論は示唆に富む点も多いが理論として見た場合明らかに一貫性を欠いた議論になっている。なぜこのような一貫性を欠いた議論になってしまったのだろうか？もちろんドラッカー自身の問題関心や経営者に対する評価の変化ということもあろうが、正当性を問題とするレベルと方向性が複数存在することを示唆していると理解することもできよう。つまり①では財産権や株式会社制度といった正当性の根拠に立って経営者支配を正当かどうか問うたのに対して、②では逆に経営者支配の現実に立ち経営者支配を正当化するために株式会社制度（法制度）を変革しようとした。③では②と同じく経営者支配の現実に立ち、どうすれば経営者支配を正当化できるかという観点から経営者の機能や責任が問題とされている。

整理すると議論の方向性として表1の三つがあると把握できる。

また、ドラッカーがいかなる点から正当性を問題にしているかを整理すると①では財産権という原理レベルでの正当性を問題にし、②株式会社制度という制度レベルでの正当性を問題としている。③では経営者の責任を果たすかという機能レベルで正当性を問題としている。正当性問題には原理レベル、制度レベル、機能レベルという三つのレベルがあることが分かる。今後経営者支配の正当性をめぐる議論は

表1　正当性議論の方向性

＜立脚点＞→＜対象＞→＜結論，目的＞

i）正当性の根拠→経営者→正当 or 非正当

ii）経営者支配の現実→法制度→正当化

iii）経営者支配の現実→責任→正当化

表2　経営者支配の正当性問題の三次元

i）財産権という原理レベル

ii）株式会社制度という制度レベル

iii）責任という機能レベル

この三レベルから検討されねばならない。

三　経営者支配の正当性の根拠＝機能

前節で見てきたように、三つの異なる方向性をもった議論が混在し一貫性を欠いたドラッカーの議論を受け、なぜ経営者支配が成立したのかという観点から一貫して経営者支配の正当性論を論じられたのが三戸教授の議論である。三戸教授は、基本的にドラッカー理論を肯定しながらも、その問題点を鋭く指摘されている。三戸教授のドラッカー正当性論に対する批判点は、まず第一に、産業社会における、社会の純粋理論の適用が不十分であるという点である。二点目は、組織（社会）を問題にしながら、その問題を積極的に論じていないことである。それが、組織社会に成立する経営者支配の正当性の根拠（＝機能）を明確に提示できない原因となったと分析されている。三戸教授は、産業社会に社会の純粋理論を適用することで「産業社会は組織こそ、その社会の決定的・基礎的・構成的要素であり、諸個人はそれぞれのもつ能力によって組織に参加することによって、社会的機能と地位と所得をうる社会である」(7) と現代社会を組織社会と把握されている。このような理解の上に「経営者支配は組織社会においてのみ成立するものであり、組織維持機能を担うのが経営者であるから、経営者能力をもつものが、経営者の地位を占め、組織維持の意思決定をするものが経営者である」(8) と経営者支配を把握される。

ドラッカーも言うように、財産権の論理、所有の論理にもとづくかぎり経営者支配には正当性がない。では、なにゆえ経営者支配は成立したのか。財産社会のなかに生まれ

表3　三戸教授の経営者支配の正当性把握

	財産社会	組織社会
企業観	財産	組織
正当性	財産権	機能
権力源泉	所有	地位・能力
権力主体	所有者	経営者
権力内容	使用，収益，処分	最高意思決定
手有形態	個人所有	機関所有

た企業が巨大化すると、個人は企業＝組織に所属することによって、社会的な地位・機能・収入を得るようになり、所有主体も個人から組織＝機関に変容してくる。この組織がなにゆえ経営者に権力を与えるのか。組織は目的達成の有効性を求めるところに成立する。すなわち目的達成の有効性＝機能性こそ、経営者を生み出したものであり、経営者に求められる基本的原理である。(9) 支配の正当性の根拠は財産から機能へ変容したのであり、経営者支配の正当性の根拠はその「機能」に他ならないとするのが、三戸正当性論の骨子である。上記のような三戸教授の議論をまとめると表3になる。

四　経営者の責任＝社会的衝撃に対する責任

経営者支配の正当性の根拠を機能に求められた三戸教授はそれに止まらず、では経営者はいかに機能すればよいか？その責任は？と議論を展開される。経営者の責務と責任(10)は何か。経営者にとって何よりも求められるのは、経営者の責務（task）を果たすことである。経営者の責務とは企業の維持存続である。なぜならば、企業が社会から要請されている機能が、企業の社会的責任であり、経営者はその企業の最高意思を決定する責務を担う。企業が社会から要請されている機能は経済的機能であり、その維持存続である。そうであるとするならば、経営者は企業の維持存続だけを達成すれば、その他には何も要求されないのであろうか。三戸教授はその点に関して経営者の責任（responsibility）として問題とされている。企業の最高意思決定者である経営者には企業が社会に与えた衝撃（インパクト）に対して責任をとることが求められると強く論及されている。近年の不良債権問題や様々な企業不祥事を想起すれば、その重要性は多言を要しないであろう。しかしながら理論的問題として見た場合、経営者の責務との関係に問題があると言わざるを得ない。経営者の責務とはなによりもまずそれを果たさなければばならぬことであり、それを果たせば正当性が確保される性質のものである。その責務以上の責任を求めることができるのであろうか。社会的衝撃にたいする責任論は経営者支配の正当性＝機能とする理論体系の埒外の問題ではないのか。三戸教授の正当性論をまとめた表3において、社会的責任の問題が含まれていないことが何よりもその証左であろう。この社会的衝撃に対する「責任」は、なぜ経営者支配が成立したかという論理とは違う論理から導出されている。それゆえ残念ながら十分な理論的根拠を獲得していない。今後さらに議論し明らかにせねばならない課題である。

五　財産権・株式会社制度における正当性――正当性問題の根幹――

前節において三戸教授の正当性論を見てきた。三戸教授は基本的にドラッカーに依拠されながら、何故経営者支配化したのかという視点から一貫して立論されている。それによってドラッカーが明確に措定できなかった経営者支配の正当性を機能と結論づけることに成功されている。経営者支配の正当性の根拠がその機能にあるとして、経営者支配は十全な正当性を確得したことになるのであろうか。財産権、株式会社制度の観点からすれば経営者支配は非正当であるとドラッカー、三戸教授ともに認識されている。二節で述べたように、正当性問題のレベルとしては機能レベル以外に財産権等の原理レベル、株式会社制度の制度レベルの三つの次元があるのである。その三つのレベル全てで正当であってこそ、真に正当な支配と言えるのではないか。財産権および株式会社制度と経営者の関係を問い直す必要がある。

財産権・株式会社制度の観点から株式会社における正当性の問題を提起したのが、バーリ＝ミーンズの『近代株式会社と私有財産』(一九三二年)[11]である。経営者支配化の論理をはじめて、体系的・実証的に提示したこの著作は単なる経営者支配論ではなく会社権力、経営者権力の正当性問題を提起したものである。それゆえバーリは戦後あらためて会社権力・経営者権力を問題にし、その正当性を問い続けたのである。[12] バーリの視点に立ったとき、ドラッカーおよび三戸教授の正当性論の意義と問題点はどのように理解できるだろうか。なぜバーリは正当性を問題にしたのか、どのような観点から正当性を論じているかに焦点を絞って見ていこう。[13]

バーリ＝ミーンズは巨大な経済権力となった株式会社を問題とした。株式会社制度の発展は、財産のあり方や、労働者の生活や国家との関係などを激しく変化させた。バーリ＝ミーンズの議論は一言でいうなら株式会社革命論である。株式会社制度の発展によって生じた様々な領域における諸変革の総体がバーリ＝ミーンズのいう株式会社革命である。株式会社制度は私有財産制度を変容させ破壊しているというのが彼らの基本的認識であり、問題意識である。

「株式会社という手段によって、無数の個人の富が集中されて巨富となり、また、この手段によって、この富に対する支配が統一された指揮のもとにおかれる。かかる集中を助長する力は、産業界の統治者を生み出したが、社会での彼等の地位は、今もなおはっきりしていない。[14]」ここに指摘される構造こそ正当性問題を生起させる本質的要因である。つまり、株式会社制度によって積極的財産は会社財産として集中、固定化され、一個の統一された権力機構によって組織され管理される。一方、株式市場に公開された消極的財産＝株式は流動化され、多数の株主に分散する。少数の支配者集団（大株主支配であれ、経営者支配であれ）による積極的財産への支配成立はこの株式会社制度に内在化された財産の変革の論理的必然の現象である。多数の個人から集められた富が巨大な経済権力（会社権力）を形成し、それを少数の集団が支配する（支配権力）という二重の権力集中構造こそが、正当性問題を生起させる基本的な要因なのである。

このバーリの認識においては経営者支配化が正当性問題を引き起こすのではない。この点ではドラッカーや三戸教授と決定的に異なる。バーリの視点に立脚することではじめて株式会社制度における正当性問題を支配主体の別なく普遍的に論じることができるのである。

　このような視点に立ったとき、財産権、および株式会社制度の観点からの正当性は表5のようになる。ともに所有者支配（OC）が正当であり、経営者支配（MC）は非正当と把握されるドラッカー・三戸教授の理解とは決定的に異なる。株式会社の財産は法人としての会社に所有権があり、株主に所有権があるわけではない。この点を厳しく峻別すればバーリの理解が適切である。大株主が多数の議決権をもとに株主総会を制するのも、経営者が多数の委任状をもとに株主総会を制するのも、株式会社制度にのっとった行為という点では同様でありともに合法的行為なのである。これまでドラッカーや三戸教授に限らず表4のような理解が一般的理解であったと考えるが、これから正当性を問題にするときは表5の理解に立たなければならないのである。

表4　ドラッカー・三戸の理解

	OC	MC
財産権	○	×
株式会社制度	○	×

表5　バーリの視点からの理解

	OC	MC
財産権	×	×
株式会社制度	○	○

六　結

　これまで、ドラッカー、三戸教授、バーリ＝ミーンズの正当性論を手掛かりに、経営者支配の正当性の問題を中心に考えてきた。本稿で明らかにした点を列挙する。

　第一に、議論の方向性と正当性を問題としている観点を整理することで、正当性問題の次元として財産権という原理レベル、株式会社制度という制度レベル、責任という機能レベルの三次元があることを提示した。十全な支配の正当性を確保するためには、この三レベル全てにおいて一貫した根拠が必要とされる。それゆえ、正当性をめぐる議論はこの三つのレベルで検討されねばならない。

第二に、三戸教授は何故経営者支配化したのかという視点に立つことによってドラッカーが明示できなかった経営者支配の正当性の根拠は「機能」であり、経営者の「責務」の達成いかんにかかっていると結論づけられている。これが現時点での経営者支配の正当性論の到達点である。

第三に、理論的課題として、社会的衝撃に対する「責任」をどのように理論体系に取り込むかという点と、財産権と株式会社制度との関係を改めて問い直す必要があることを明らかにした。

第四に、バーリ＝ミーンズの株式会社革命論を見ることで、これまで一般的に考えられてきたように、財産権（私有財産制）と株式会社制度は決して一枚岩ではなく矛盾を抱えていることを示した。財産権の原理からみれば大株主支配も非正当なのである。この理解は、株式会社制度においては、会社は株主のものであり、株主の支配こそ正当な支配であるという学界を含む一般的・常識的理解の変更を求めるものである。

第五に、株式会社制度に必然の二重の権力集中構造が正当性問題を引き起こす根幹であることを指摘した。この理解の意味することは、大株主支配、経営者支配といった支配主体の別無く、また個人所有や機関所有といった所有構造の別無く正当性が問題となるということである。それは同時に、統治論で盛んに議論される外部取締役や執行役員制の導入、株主権の強化といった制度レベルの改革だけでは一向にこの正当性問題は解決されないということを示唆している。

以上の五点が本稿で明らかにしたことである。

注

（1） Berele, A. A. and G. C. Means, *The Modern Corporation and Private Property*, Macmillan, 1932.（北島忠男訳『近代株式会社と

私有財産』文雅堂銀行研究社、一九五七年。）

（2）経営者支配をめぐる論争の全体像については正木久司『株式会社支配論の展開（アメリカ編）』文眞堂、一九八三年を参照。

（3）企業統治論の領域で経営者支配の正当性を積極的に論じているものに以下のようなものがある。

鈴木辰治「経営者支配の正当性」高橋俊夫編著『コーポレート・ガバナンス』中央経済社、一九九五年。

出見世信之『企業統治問題の経営学的研究』文眞堂、一九九七年。

三戸　公「経営者支配の正当性——コーポレート・ガヴァナンス論としてのドラッカー——」『中京経営研究』第六巻第二号、一九九七年。

中村雄司「経営者支配の正当性について」『上武大学経営情報学部紀要』第一七号、一九九七年。

（4）Drucker, P. F., *The Futur of Industrial Man*, The John Day Company, 1942.（上田惇生訳『産業人の未来』ダイヤモンド社、一九九八年、八三頁。）

（5）Drucker, P. F., *The New Society*, Harper & Row, Publishers, 1950.（村上恒夫訳「新しい社会と経営」『ドラッカー全集2』ダイヤモンド社、一九七二年、三九七頁。）

（6）Drucker, P. F., *Management*, Harper & Row, Publishers, 1974.（野田一夫・村上恒夫監訳『マネジメント 上』ダイヤモンド社、一九七四年、五七頁。）

（7）三戸　公「前掲論文」二一頁。

（8）「同上論文」二一頁。

（9）三戸　公『現代の学としての経営学』文眞堂、一九九七年、一七四—一七五頁。

（10）『同上書』一七三—一八四頁。

（11）『近代株式会社と私有財産』の評価については次の文献を参照されたい。正木久司・角野信夫『バーリ』同文舘、一九九三年。

（12）Berele, A. A., *The 20th Century Capitalist Revolution*, Harcourt, Brace and Company, 1954.（桜井信行訳『二十世紀資本主義革命』東洋経済新報社、一九五六年。）

Berele, A. A., *Power without Property*, Harcourt, Brace and Company, 1959.（加藤・関口・丸尾訳『財産なき支配』論争叢書、一九六〇年。）等を参照されたし。

（13）戦後のバーリの正当性論については紙幅等の制約上本稿では割愛し、別の機会に改めて論じたい。

（14）Berele, A. A. and G. C. Means.（前掲訳書、二頁。）

Ⅲ　文　献

ここに掲載の文献一覧は、第I部の統一論題論文執筆者が各自のテーマの基本文献としてリストアップしたものを、年報編集委員会の責任において集約したものである。

一　テイラーからＩＴへ――経営理論の発展か転換か――

洋書

1 Taylor, F. W., *Shop Management,* Harper and Brothers, 1911.
2 Turing, A., "On Computable Numbers with an Application to the Entscheidenungsproblem," *Proc. Lond. Math. Soc.* (2), 42, 1937.
3 Wiener, N., *Cybernetics,* John Wiley, 1948.
4 Shannon, C. and W. Weaver, *Mathematical Theory of Communication,* Univ. of Illinois Press, 1949.
5 Dean, J., *Managerial Economics,* Prentice-Hall, 1951.
6 von Neumann, J., "The General and Logical Theory of Automata," *Cerebral Mechanism in Behavior,* John Wiley, 1951.
7 Forrester, J., *Industrial Dynamics,* MIT Press, 1961.
8 Cyert, R. and J. March, *A Behavioral Theory of the Firm,* Prentice-Hall, 1963.
9 Anthony, R., *Planning and Control Systems,* Harvard Univ., 1965.
10 Morton, M. S., *Management Decisions Systems,* Harvard Univ., 1971.
11 Simon, H., *Human Problem Solving,* Prentice-Hall, 1972.
12 Simon, H., *New Science of Management Decision* (revised ed.), Prentice-Hall, 1977.（稲葉・倉井訳『意思決定の科学』産能大出版部、一九七九年。）
13 Martin, J., *An Information Systems Manifesto,* Prentice-Hall, 1984.
14 Rockart, J. and C. Bullen, *The Rise of Managerial Computing,* Dow Jones-Irwin, 1986.
15 Lucas, H. C., Jr., *Information Technology for Management* (sixth edition), McGraw-Hill, 1997.

和書

1 バーナード・C・I、山本安次郎・田杉 競・飯野春樹訳『新訳 経営者の役割』ダイヤモンド社、一九六八年。
2 テイラー・F・W、上野陽一訳編『科学的管理法』産業能率短期大学出版部、一九六九年。
3 稲葉元吉「管理論の発展」『新版 経営学(2)』有斐閣、一九九〇年。
4 岸川善光『経営管理入門』同文舘、一九九九年。
5 稲葉元吉『コーポレート・ダイナミックス』白桃書房、二〇〇〇年。

二 科学的管理の内包と外延——IT革命の位置——

洋書

1 Taylor, F. W., *Shop Management*, Harper & Row, 1903.
2 Taylor, F. W., *The Principles of Scientific Management*, Harper & Row, 1911.
3 Taylor, F. W., *Taylor's Testimony before the Special Committee of the House of Representatives*, 1912. 文献1、2、3は、いずれもTaylor, F. W., *Scientific Management*, Harper & Brothers, 1947. に収められている。(上野陽一訳ならびに編『テーラー科学的管理法』技法堂、一九五七年。)
4 Mayo, E., *The Human Problems of an Industrial Civilization*, Harvard University, 1933, 2nd ed, Macmillan, 1946.(村本栄一訳『産業文明における人間問題』日本労働協会、一九五一年。)
5 Barnard, C. I., *The Functions of the Executive*, Harvard University Press, 1938.(山本安次郎・田杉 競・飯野春樹訳『新訳・経営者の役割』ダイヤモンド社、一九六八年。)
6 Follett, M. P., *Dynamic Administration : Collected Papers of M. P. Follett*, eds. by H. E. Metcalf and L. Urwick, Pitman, 1941.(米田清貴・三戸 公訳『組織行動の原理、動態的管理』未来社、一九七二年。)
7 Mayo, E., *The Social Problems of an Industrial Civilization*, Harvard University, 1945, Arno Press, 1977.(藤田敬三・名和統一訳『アメリカ文明と労働』有斐閣、一九五一年。)

8 Simon, H. A., *Administrative Behavior: A Study of Decision Making Process in Administrative Organization*, Macmillan, 1947.（松田武彦・高柳　暁・二村敏子訳『経営行動――経営組織における意思決定プロセスの研究――』ダイヤモンド社、第三版、一九八九年。）

9 Urwick, L., *Freedom and Co-Ordination: Lectures in Business Organisation by M. P. Follett*, Management Publications, 1949.（斉藤守生訳・藻利重隆解説『フォレット　経営管理の基礎――自由と調整――』ダイヤモンド社、一九六三年。）

10 Drucker, P. F., *The Practice of Management*, Harper & Row, 1954.（野田一夫・現代経営研究会訳『現代の経営』自由国民社、一九五六年、新装版、ダイヤモンド社、一九八七年。）

11 Laurence, P. R. & Lausch, J. W., *Organization and Environment—Making Differenciation and Integration*, Harvard University Press, 1967.（吉田　博訳『組織の条件適応理論――コンティンジェンシー・セオリー――』産業能率短期大学出版部、一九七七年。）

12 Drucker, P. F., *The Age of Discontinuity: Guidelines to Our Changing Society*, Harper & Row, 1969.（林雄二郎『断絶の時代――来るべき知識社会の構想――』ダイヤモンド社、一九六九年。）

13 Simon, H. A., *The Sciences of the Artificial*, MIT Press, 1969.（稲葉元吉・吉原英樹訳『新版システムの科学』パーソナル・メディア社、一九八七年。）

14 Wren, D. A., *The Evolution of Management Thought*, John Wiley & Sons, 1979.（車戸　実監訳『現代経営管理思想――その進化の系譜――』マグローヒル好学社、一九八二年。）

15 Graham P., ed., *Mary Parker Follett: Prophet of Management*, Harvard Business School Press, 1995.（三戸公・坂井正廣監訳『M・P・フォレット――管理の予言者――』文眞堂、一九九九年。）

16 Wren, D. A. & Greenwood, R. G., *Management Innovator: The People and Ideas That Have Shaped Modern Business*, Oxford University Press, 1998.（井上昭一・伊藤健一・廣瀬幹好監訳『現代ビジネスの革新者たち――テイラー・フォードからドラッカーまで――』ミネルヴァ書房、二〇〇〇年。）

和書

1 「特集　人工知能」『理想』No.六一七、理想社、一九八四年。
2 岸田民樹『経営組織と環境適応』三嶺書房、一九八五年。
3 土屋守章・二村敏子編『現代経営学説の系譜——変転する理論の科学性と実践性——』有斐閣、一九八九年。
4 原輝史編『科学的管理法の導入と展開——その歴史的国際比較——』昭和堂、一九九〇年。
5 村田晴夫『情報とシステムの哲学——現代批判の視点——』文眞堂、一九九〇年。
6 野中郁次郎『知識創造の経営——日本企業のエピステモロジー——』日本経済新聞社、一九九〇年。
7 吉田民人『自己組織性の情報科学』新曜社、一九九〇年。
8 中川誠士『テイラー主義生成史論』森山書店、一九九二年。
9 三戸　公『随伴的結果、管理の革命』文眞堂、一九九四年。
10 岡本康雄『現代経営学辞典』改訂増補版、同文舘、一九九六年。
11 河野大機・吉原正彦編『経営学パラダイムの探究』（加藤勝康博士喜寿記念論文集）文眞堂、二〇〇一年。
12 三戸　公『科学的管理の未来』未来社、二〇〇〇年。
13 三戸　公『管理とは何か』文眞堂、二〇〇二年。
14 経営学史学会編『経営学史辞典』文眞堂、二〇〇二年。

三　テイラーとＩＴ——断絶か、連続か——

洋書

1 Babbage, C., *On the Economy of Machinery and Manufactures*, 1835, 4th ed., enlarged reprints of Economic Classics, New York, Augustus M. Kelley Publisher, 1971.
2 Taylor, F. W., "A Piece Rate System," *Transactions* of the American Society of Mechanical Engineers, 17, rep. in *Engineering Magazine*, 10, Jan., 1896.（上野陽一訳編『科学的管理法』産業能率短期大学出版部、一

九六九年。）

3 Taylor, F. W., *Shop Management,* 1903, rep. in F. W. Taylor, *Scientific Management,* New York, Harper and Brothers, 1947.（上野陽一訳編『科学的管理法』産業能率短期大学出版部、一九六九年。）

4 Braverman, H., *Labor and Monopoly Capital: the Degradation of Work in the Twenteethcentury,* Monthly Review Press, 1974.（富沢賢治訳『労働と独占資本——20世紀における労働の衰退——』岩波書店、一九七八年。）

5 Womack, J. P., D. T. Jones and D. Roos, *The Machine that Changed the World,* New York, Rawson Associates, 1990.（沢田　博訳『リーン生産方式が世界の自動車産業をこう変える』経済界、一九九〇年。）

6 Adler, P. S., "The 'Learning Bureaucracy' : New United Mortor Manufacturing Inc.," *Research in Organizational Behavior,* Vol., 15, 1992.

7 Drucker, P. F., *Management Challenges for the 21st Century,* Harper, 1999.（上田惇生訳『明日を支配するもの』ダイヤモンド社、一九九九年。）

和書

1 中川誠士「蘇るテイラー——最近における『科学的管理』研究の動向について——」『経済学研究』（九州大学経済学会）、第五一巻第六号、一九八六年。

2 山之内靖『システム社会の現代的位相』岩波書店、一九九〇年。

3 小池和男『仕事の経済学』東洋経済新報社、一九九一年。

4 中川誠士『テイラー主義生成史論』森山書店、一九九二年。

5 野村正實『トヨティズム』ミネルヴァ書房、一九九三年。

6 国領二郎『オープン・ネットワーク経営』日本経済新聞社、一九九五年。

7 ドラッカー・P・F、上田惇生訳『P・F・ドラッカー経営論集』ダイヤモンド社、一九九八年。

8 石黒憲彦『日本の競争優位とは何か』PHP、二〇〇〇年。

9 三戸　公『科学的管理の未来——マルクス、ウェーバーを超えて——』未来社、二〇〇〇年。

10 篠崎恒夫「『学習する官僚制』と『民主的なテイラーリズム』――アドラーのNUMMI体制評価をめぐって――」『商学討究』（小樽商科大学）第五〇巻第二・三合併号、二〇〇〇年。
11 篠崎恒夫『個人と組織の経営学』同文舘、二〇〇〇年。
12 西垣　通『IT革命』岩波新書、二〇〇一年。

四　情報化と協働構造

洋書

1 Simon, Herbert A., *Administrative Behavior,* Macmillan, 1947.（松田武彦・高柳　暁・二村敏子『経営行動』ダイヤモンド社、一九六五年。）
2 Shannon, C. E., "A Mathematical Theory of Communication," *The Bell System Technical Journal,* Vol.27, pp.379-423, 623-656, 1948.（長谷川淳・井上光洋訳『コミュニケーションの数学的理論』明治図書出版、一九六九年。）
3 Wiener, N., *The Human Use of Human Beings, Cybernetics and Society,* Houghton Mifflin, 1949.（池原止戈夫訳『人間機械論、サイバネティクスと社会』みすず書房、一九五四年。）
4 McLuhan, Marshall, *The Gutenberg Galaxy : The Making of Typographic Man,* University of Toronto Press, 1962.（森　常治訳『グーテンベルクの銀河系』みすず書房、一九八六年。）
5 Simon, H. A., *The Sciences of the Artificial,* The MIT Press, 1969, 2nd ed., 1981.（稲葉元吉・吉原英樹訳『新版 システムの科学』パーソナル・メディア、一九八七年。）
6 Brooks Frederick P., Jr., *The Mythical Man-Month : Essays on Software Engineering,* Anniversary Edition, Addison-Wesley, 1975, 1995.（滝沢　徹・牧野祐子・富澤　昇訳『人月の神話――狼人間を撃つ銀の弾はない――』アジソン・ウェスレイ・パブリッシャーズ・ジャパン、一九九六年。）
7 Chandler Alfred D., Jr., *The Visible Hand : The Managerial Revolution in American Business,* The Belknap

Press of Harvard University Press, 1977.（鳥羽欽一郎・小林袈裟治訳『経営者の時代（上・下）』東洋経済新報社、一九七九年。）

8 Daft, Richard L. and Robert H. Lengel, "Organizational Information Requirements, Media Richness and Structural Design," *Management Science*, Vol.32, No.5, May 1986.

9 Negroponte, Nicholas, *Being Digital*, Alfred A. Knopf, 1995.（西　和彦・福岡洋一訳『ビーイング・デジタル――ビットの時代――』アスキー、一九九五年。）

10 Shapiro, Carl and Hal R. Varian, *Information Rules*, Harvard Business School Press, 1998.（千本倖生・宮本喜一訳『「ネットワーク経済」の法則』ＩＤＧコミュニケーションズ、一九九九年。）

11 Lawrence Lessig, *Code and Other Laws of Cyberspace*, Basic Books, 1999.（山形浩生・柏木亮二訳『CODE――インターネットの合法・違法・プライバシー――』翔泳社、二〇〇一年。）

12 Levine, Rick, Christopher Locke, Doc Searls and David Weinberger, *The Cluetrain Manifesto: The End of Business as Usual*, Perseus Books, 2000.（倉骨　彰訳『これまでのビジネスのやり方は終わりだ――あなたの会社を絶滅恐竜にしない95の法則――』日本経済新聞社、二〇〇一年。）

和書

1 今井賢一『情報ネットワーク社会』岩波書店、一九八四年。

2 今井賢一・金子郁容『ネットワーク組織論』岩波書店、一九八八年。

3 梅棹忠夫『情報の文明学』中公叢書、一九八八年。

4 村井　純『インターネット』岩波書店、一九九五年。

5 村井　純『インターネット2』岩波書店、一九九八年。

6 松岡正剛『知の編集工学』朝日新聞社、一九九六年。

7 篠崎彰彦『情報革命の構図』東洋経済新報社、一九九九年。

五 経営情報システムの過去・現在・未来——情報技術革命がもたらすもの——

洋書

1 McFarlan. F. W. and J. L. McKenny, *Corporate Information Systems Managements*, Richard D. Irwin, 1983.

2 Wiseman, C., *Strategy and Computers*, Dow Jones Irwin, 1985.

3 Emery, J. C., *Management Information Systems: The Critical Strategic Resources*, Wharton Executive Library, 1987.（宮川公男監訳『経営情報システム——戦略的情報管理——』ＴＢＳブリタニカ、一九八九年。）

4 William, R. S., *The Information Weapon: Winning Customers and Market with Technology*, John Wiley & Sons, 1987.

5 Walton, R. E., *Up and Running*, Harvard Business School Press, 1989.（高木晴夫訳『システム構築と組織整合』ダイヤモンド社、一九九三年。）

6 Strassmann, P. A., *The Business Value of Computers*, The Information Economics Press, 1990.（末松千尋訳『コンピュータの経営価値』日経ＢＰ出版センター、一九九四年。）

7 Davis. G. B. and S. Hamilton, *Managing Information: How Information System Impacts Organization Strategy*, Richard D. Irwin, 1993.（島田達巳・佐藤 修・花岡菖訳『マネージング・インフォメーション』日科技連、一九九五年。）

8 Allen, T. J. and M. S. Scott Morton, ed., *Information Technology and the Corporation of the 1990s: Research Studies*, The Sloan School of Management, 1994.（富士総合研究所訳『アメリカ再生の「情報革命」マネジメント』白桃書房、一九九五年。）

9 Cortada, J. W., *Information Technology as Business History: Issues in the History and Management of Computers*, Greenwood Press, 1996.

10 Davenport, T. H., *Information Ecology*, Oxford University Press, 1997.

11 Keen, P. and M. McDonald, *The Process Edge*, McGraw-Hill, 2000.

和書

1 野口悠紀雄『情報の経済理論』東洋経済新報社、一九七四年。
2 坂村 健『TRONからの発想』岩波書店、一九八七年。
3 今井賢一・金子郁容『ネットワーク組織論』岩波書店、一九八八年。
4 島田達巳・海老澤栄一編『戦略的情報システム』日科技連、一九八九年。
5 涌田宏昭編『経営情報科学の展開』中央経済社、一九八九年。
6 村田晴夫『情報とシステムの哲学――現代批判の視点――』文眞堂、一九九〇年。
7 島田達巳『情報技術と経営組織』日科技連、一九九一年。
8 佐藤修他『エンドユーザコンピューティング』日科技連、一九九六年。
9 島田達巳編『日本企業の情報システム』日科技連、一九九六年。
10 井上達彦『情報技術と事業システムの進化』白桃書房、一九九八年。
11 遠山 暁『現代経営情報システムの研究』日科技連、一九九八年。
12 国領二郎『オープン・アーキテクチャー戦略』ダイヤモンド社、一九九九年。
13 宮川公男編『経営情報システム』(第2版) 中央経済社、一九九九年。
14 上林憲雄『異文化の情報技術システム――技術の組織的利用パターンに関する日英比較――』千倉書房、二〇〇一年。
15 島田達巳・高原康彦『経営情報システム』(改訂版) 日科技連、二〇〇一年。

六 情報技術革命と経営および経営学

洋書

1 Barnard, C. I., *The Functions of the Executive*, Harvard University Press, 1938.（山本安次郎・田杉 競・飯野

春樹訳『経営者の役割』ダイヤモンド社、一九六八年。）

2 Simon, H. A., *Administrative Behavior*, Macmillan, 1947.（松田武彦・高柳　暁・二村敏子訳『経営行動』ダイヤモンド社、一九六五年。）

3 Simon, H. A., *The New Science of Management Decision*, Harper & Raw, 1960.

4 Wolf, W. B. & H. Iino, eds., *Philosophy for Manager: Selected Papers of Chester I. Barnard*, Bunshindo, 1986.（飯野春樹監訳『バーナード　経営者の哲学』文眞堂、一九八六年。）

5 Scott Morton, M. S., ed., *Corporation of the 1990s*, Oxford University Press, 1991.（宮川公男・上田　泰監訳『情報技術と企業変革』FUJITSU BOOKS、一九九二年。）

6 Allen, T. J. & M. S. Scott Morton, eds., *Information Technology and the Corporation of the 1990s*, 1994.（富士総合研究所訳『アメリカ再生の「情報革命」マネジメント』白桃書房、一九九五年。）

7 Nonaka, I. & H. Takeuchi, *The Knowledge-Creating Company*, Oxford University Press, 1995.（梅本勝博訳『知識創造企業』東洋経済新報社、一九九六年。）

8 Day, G. S. & D. J. Reibstein, eds., *Wharton on Dynamic Competitive Strategy*, Willy, 1997.（小林陽太郎監訳『ウォートンスクールのダイナミック競争戦略』東洋経済新報社、一九九九年。）

9 Morey, D., M. Maybury & B. Thuraisingham, eds., *Knowledge Management*, The MIT Press, 2000.

10 Nonaka, I. & T. Nishiguchi, eds., *Knowledge Emergence*, Oxford University Press, 2001.

和書

1 加藤勝康・飯野春樹編『バーナード——現代社会と組織問題——』文眞堂、一九八六年。

2 野中郁次郎『知識創造の経営』日本経済新聞社、一九九〇年。

3 島田達巳『情報技術と経営組織』日科技連、一九九一年。

4 西垣　通監修『組織とグループウェア』NTT出版、一九九二年。

5 今井賢一編著『二一世紀型企業とネットワーク』NTT出版、一九九二年。

6 石川　昭・堀内正博編『グローバル企業の情報戦略』有斐閣、一九九四年。

7　涌田宏昭編著『新しい経営情報科学』中央経済社、一九九五年。
8　山岸俊男『信頼の構造』東京大学出版会、一九九八年。
9　河野大機・吉原正彦編『経営学パラダイムの探求』（加藤勝康博士喜寿記念論文集）文眞堂、二〇〇一年。

Ⅳ 資　料

経営学史学会第九回大会実行委員長挨拶

小　山　　修

二〇〇一年五月十八日（金）から二十日（日）にかけて、札幌大学において、経営学史学会第九回大会が開催されました。二十一世紀最初の年に、隆盛を迎える学会の全国大会をお迎えし、何とか成功裏に進めることができましたことを光栄に存じますとともに、実行委員会を代表して会員の皆様、大会参加者、学会役員の皆様に深く感謝申し上げます。

この大会では、統一論題を「テイラーからＩＴへ――経営理論の発展か、転換か――」と題して、村田晴夫理事長より「解題」のご発言を、稲葉元吉先生より「基調報告」をいただき、三戸公先生、島田達巳先生、篠崎恒夫先生、国領二郎先生からそれぞれ示唆に富むご報告をいただきました。また九名の自由論題報告をいただき、真に新世紀の初頭に相応しく、二十世紀を通じての大変化をそれぞれの視角から鋭く抉るご討論を伺うことができ、疲れも吹き飛ぶ楽しく刺激的な大会となったと確信しております。

大会をとおして一二〇名の会員・一般のご参加を得ました。懇親会では北海道の海と大地の恵みをご賞味いただけたかと存じます。余談ながら、その時、演奏をお楽しみいただきました札幌大学吹奏楽団は、同年十月の全日本吹奏楽コンクールにおいて金賞・第一位をいただきました。

大会の企画・準備・実行にあたりましては、村田晴夫理事長をはじめ、理事・幹事の諸先生から懇切なご指導・ご助言をいただきました。心より感謝申しあげます。ご協力、まことにありがとうございました。

第九回大会をふりかえって

廣瀬幹好

経営学史学会第九回大会は、二〇〇一年五月十八日㈮、十九日㈯、二十日㈰に、札幌大学において開催された。大会実行委員長は、本学会理事で札幌大学経営学部長の小山修教授であった。札幌大学は、札幌市中心部の大通やすすきのから南へバス・地下鉄で二十五分ほどのところに位置する。緑豊かな自然環境が魅力の澄川・西岡地域という閑静な住宅街に隣接し、大学の敷地内に一万坪もの自然林がある緑豊かなキャンパスである。正門からまっすぐ伸びる道路に沿って歩くと、途中右手に、瀟洒な大学会館「リンデンホール」が目にとまる。真正面には大学の拠点施設である中央棟がそびえ、これを中心に各施設が配置されている。広々としたロビーをもつ中央棟に隣接する各教室で、大会は運営された。

本年度の統一論題は、「テイラーからＩＴへ——経営理論の発展か、転換か——」であった。経営理論の発展と転換の意味を深く論じた基調報告、これを受けて科学的管理の内包と外延、情報技術革命の史的展望、テイラーとＩＴの断絶と連続、情報化と協働構造について、各分野を代表する方々がＩＴの意義を問いかける報告を行ない、二十日午後からの統一論題シンポジウムでは、以上の報告を受けて活発な議論が展開された。同時に、十九日の午前中は、三会場で九名の方々による意欲的な自由論題報告と討論が行なわれた。

大会初日の十八日は理事会が開催され、一年間の活動報告、経営学史事典出版等次年度の活動計画、会員の入退会、第十回全国大会開催候補大学等の総会議案の検討が行なわれた。十九日からの大会は、大会実行委員長の小山教授、篠崎恒夫教授を中心にして円滑に運営された。今年も例年どおりに、一週間前には予稿集が会員の手元に届いたことに示される用意周到な大会準備、ならびに当日の大会運営のご尽力に対し、小山修大会実行委員長をはじめとする札幌大学各位に厚く御礼申し上げる。

第九回大会のプログラムは次の通りであった（敬称略）。

第二日目、五月十九日（土）

【自由論題】（報告三五分、コメント五分、質疑応答一五分）

A会場（六号館　六五〇一教室）

九：三〇―一〇：二五　坂本光男（徳山大学）「バーナードにおける組織の定義について」

チェアパーソン・佐々木恒男（日本大学）

一〇：三〇―一一：二五　高橋公夫（関東学院大学）「バーナード理論と企業経営の発展―原理論・類型論・段階論―」

チェアパーソン・高澤十四久（専修大学）

一一：三〇―一二：二五　鎌田伸一（防衛大学校）「クラウゼウィッツのマネジメント論における理論と実践」

チェアパーソン・廣瀬幹好（関西大学）

B会場（六号館　六五〇二教室）

九：三〇―一〇：二五　西本直人（法政大学・院生）「組織論における目的概念の変遷」

チェアパーソン・万仲脩一（大阪産業大学）

一〇：三〇―一一：二五　宮本俊昭（大阪大学・院生）「経営組織における正義の実現：相補的関係の視点から」

一一：三〇―一二：二五　チェアパーソン・大月博司（北海学園大学）
高橋正泰（明治大学）「ポストモダニズムと組織論」
チェアパーソン・小林敏男（大阪大学）

C会場（六号館　六五〇三教室）
九：三〇―一〇：二五　関野賢（関西学院大学・院生）「シュナイダー企業者職能論」
チェアパーソン・海道ノブチカ（関西学院大学）
一〇：三〇―一一：二五　渡辺英二（横浜国立大学・院生）「企業統治論における正当性問題」
チェアパーソン・佐久間信夫（創価大学）
一一：三〇―一二：二五　境新一（東京家政学院大学）「企業統治における法的責任の研究：経営と法律の複眼的研究から」
チェアパーソン・平田光弘（東洋大学）

【基調報告・統一論題】（三号館　三〇〇一教室）
一三：三〇―一四：〇〇　基調報告：　稲葉元吉（成城大学）「『テイラーからＩＴへ―経営理論の発展か、転換か』序説」
司会・村田晴夫（桃山学院大学）
一四：〇〇―一五：〇〇　統一論題一：　三戸公（中京大学）「科学的管理の内包と外延」
司会・大橋昭一（大阪明浄大学）、討論者・一寸木俊昭（松商学園短期大学）
一五：〇〇―一六：〇〇　統一論題二：　島田達巳（東京都立科学技術大学）「経営情報システムの過去・現在・未来―情報技術革命がもたらすもの―」

司会・岸田民樹（名古屋大学）、討論者・庭本佳和（甲南大学）

第三日目、五月二十日（日）

一〇：〇〇―一一：〇〇　統一論題三：　篠崎恒夫（札幌大学）「テイラーとＩＴ―断絶か連続か―」

司会・高橋由明（中央大学）、討論者・仲田正機（立命館大学）

一一：一〇―一二：一〇　統一論題四：　国領二郎（慶應義塾大学）「情報化と協働構造」

司会・齋藤毅憲（横浜市立大学）、討論者・村田晴夫（桃山学院大学）

【シンポジウム】（三号館　三〇〇一教室）

一三：一〇―一五：一〇　パネリスト：統一論題報告者四名（前掲）

チェアパーソン・片岡信之（桃山学院大学）、小山修（札幌大学）

企業文明として発展してきた二十世紀文明の象徴がテイラーであった。また彼の科学的管理を基礎として、人間協働の学としての経営学も、企業文明と共に発展してきた。このような企業文明が、ＩＴの急速な発展によって、新世紀を迎えた今、重要な転換期にさしかかっていると言われる。経営学もまたしかりである。ＩＴの発展によって、科学的管理パラダイムに代わる経営学の新しい姿を見るのかどうか、新しい時代の経営学とはどのようなものであるのか、これら課題を論じようというのが、今回の統一論題の趣旨であった。各領域を代表する報告者の方々が、以上の課題を真正面から受けとめ、新世紀における新たな経営理論の展望を提示され、またシンポジウムでは活発な議論の応酬があった。

ＩＴは真に人間協働に資するように利用されるのであろうか、それとも企業文明を強化する方向に作用するのであろうか。今回の議論では結論はまだでていない、筆者はそう感じた。現代を解くいま一つのキーワードであるグローバリゼーションがそうであるように、ＩＴへの素朴な期待は失われている。不透明な時代にある今、ＩＴの経営に及ぼす影響が、これまで以上に重要になるのは間違いないと思われる。経営学も真価を問われている。

さて、十九日の会員総会の後、おしゃれなカフェテリアスタイルの「リンデンホール」において、懇親会が催された。議論に疲れ「リンデンホール」に足を踏み入れた私たちを迎え入れてくれたのは、小山修顧問教授率いる札幌大学吹奏楽団によるビートルズの曲を含めた心温まる素敵な演奏であった。大会実行委員長である小山教授による開会の辞、村田晴夫桃山学院大学学長による経営学史学会理事長挨拶、三戸公経営学史学会元理事長による乾杯のご発声と続き、篠崎恒夫教授の軽妙な司会により懇親会は進行した。献立、飲み物への細心のご配慮、ありがたい限りである。素晴らしいひとときを過ごし、会員一同一日の疲れを癒した。懇親会参加者は九〇余名、大会を通じての参加者は一二〇名であった。総会において、第十回記念大会が明治大学で開催されることが決定され、本学会幹事でもある小笠原英司明治大学教授より歓迎の挨拶が行なわれた。

執筆者紹介（執筆順）

稲葉《いなば》元吉《もときち》（成城大学教授）

主著『経営行動論』丸善、一九七九年、一九八二年

『コーポレート・ダイナミックス』白桃書房、二〇〇〇年

三戸《みと》公《ただし》（中京大学名誉教授・立教大学名誉教授）

主著『家の論理Ⅰ・Ⅱ』文眞堂、一九九一年

『随伴的結果』文眞堂、一九九四年

篠崎《しのざき》恒夫《つねを》（札幌大学教授）

主著『個人と組織の経営学』同文舘、二〇〇〇年

國領《こくりょう》二郎《じろう》（慶應義塾大学教授）

主著『オープン・ネットワーク経営』日本経済新聞社、一九九五年

『オープン・アーキテクチャ戦略』ダイヤモンド社、一九九九年

島田《しまだ》達巳《たつみ》（東京都立科学技術大学教授）

主著『情報技術と経営組織』日科技連、一九九一年

『地方自治体における情報化の研究――情報技術と行政経営――』文眞堂、一九九九年

庭本《にわもと》佳和《よしかず》（甲南大学教授）

主要論文「組織と意味の展開」『組織科学』Vol. 33, No. 3, 2000.

「組織の境界」河野大機・吉原正彦編『経営学のパラダイムの探究』文眞堂、二〇〇一年、第十二章

鎌《かま》田《た》伸《しん》一《いち》（防衛大学校教授）

主著『経営・組織・管理』（共著）中央経済社、一九七九年

『失敗の本質』（共著）ダイヤモンド社、一九八四年

関《せき》野《の》賢《まさる》（関西学院大学大学院商学研究科研究員）

主要論文「企業課税の経営経済学的考察」『年報 財務管理研究』第一二号、二〇〇一年三月

「企業者職能論と企業課税」『商学論究』第四九巻第一号、二〇〇一年六月

坂《さか》本《もと》光《てる》男《お》（徳山大学教授）

主要論文「バーナードにおける能率概念の一考察――随伴的結果と能率――」『徳山大学総合経済研究所紀要』第二〇号、一九九八年三月

「バーナードの『反省』の真意――主著『経営者の役割』の組織類型論的考察――」『徳山大学論叢』第五〇号、一九九八年一二月

高《たか》橋《はし》公《きみ》夫《お》（関東学院大学教授）

主要論文「アメリカにおけるバーナード研究のフロンティア」経営学史学会編『経営学研究のフロンティア』文眞堂、一九九八年

「バーナード理論と経営者支配のパラダイム」河野大機・吉原正彦編『経営学パラダイムの探究』文眞堂、二〇〇一年

西《にし》本《もと》直《なお》人《と》（法政大学大学院）

翻訳 カール・E・ワイク『センスメーキング　イン　オーガニゼーションズ』（共訳）文眞堂、二〇〇〇年

高《たか》橋《はし》正《まさ》泰《やす》（明治大学教授）

主要論文「組織認識論の展望」『大学院紀要』（法政大学大学院）第四一号、一九九八年

主著『組織シンボリズム――メタファーの組織論――』同文舘、一九九八年
『組織とジェンダー』（共著）同文舘、一九九八年

宮《みや》本《もと》俊《とし》昭《あき》（大阪大学大学院経済学研究科後期博士課程）
主要論文「組織化の史的考察と組織研究の学史的検討」『大阪大学経済学』第五〇巻第二・三号、二〇〇〇年
「綜合的視点によるベンサム理論再考」（共著）『大阪大学経済学』第五〇巻第一号、二〇〇〇年

境《さかい》新《しん》一《いち》（東京家政学院大学助教授）
主著『現代企業論――経営と法律の視点――』文眞堂、二〇〇〇年
主要論文「銀行グループの海外拠点における紐帯と業績――興銀と長銀の事例を通して――」『国際ビジネス研究学会年報』第六号、二〇〇〇年

渡《わた》辺《なべ》英《えい》二《じ》（横浜国立大学大学院国際社会科学研究科博士課程後期）
主要論文「日本的所有構造は崩壊するか？――非金融産業会社上位二〇〇社・一九九六年度調査」（共著）『経営学論集』第一二巻第二号、二〇〇一年十二月

経営学史学会
年報編集委員会

編集後記

この経営学史学会年報第九輯は、昨年五月十八日～二十日にかけて札幌大学で開催された経営学史学会第九回大会の諸報告を編集し収録したものである。村田晴夫理事長以下七名の年報編集委員会委員が担当した。

今回は先ず、統一論題の全五報告に予定討論一篇を加えたものを、第Ⅰ部「テイラーからＩＴへ――経営理論の発展か、転換か――」に収録した。予定討論一篇を追加したのは、討論を活発にするために元々時間を十分にとってあったし、しかも当日の発表内容も優れていたからである。これらの論文によって、近年は研究面でも実践面でも大きく取り上げられてきたＩＴ問題を単に一時的な流行の中で論じるのではなく、経営学史百年の研究蓄積に関連づけて研究しようとした所期の目的は、十分達成されたと思われる。更なる発展を期待するものである。次に、自由論題の全九報告は、多岐に亙っていたので、「諸論攷」と題した第Ⅱ部にまとめて収録した。ただし、経営論・企業者論・組織論・統治論などという内容の繋がりを考慮して、収録の順番を決めた次第である。第Ⅲ部は、他に余り類の見られない、本学会年報特有の「文献」の項である。第Ⅰ部の六執筆者から提出願った各テーマに関する一般的・基本的な文献リストを基に、編集委員会の依頼した執筆要領に従って表記法を統一した。ここでの担当編集委員の仕事は、文献リストの取捨選択・追加と表記法統一などである。これが毎年、思いのほか苦労が多い。今後の執筆者にも、一層のご協力をお願いするとともに、学会内外の多くの方々にとって利用価値のより高いものにしていく努力を誓うものである。

この第九輯も、一論文あたりの原稿頁数を昨年と同じような執筆要領で依頼した。第Ⅰ部のほうは、制限字数を超過してしまったものも、構成上と内容上からそのまま収録したが、第Ⅱ部のほうは、執筆者間の公平と来年度以降への影響などにも配慮して、折角の玉稿を制限頁まで削減していただくよう願い出ざるをえなかったものもあった。執筆者諸氏には、執筆要領と字数制限を絶対に厳守された上で、原稿を提出していただきたく、強く申し上げざるをえない。

（河野大機　記）

IT革命と経営理論
経営学史学会年報　第9輯

二〇〇二年五月十七日　第一版第一刷発行

検印省略

編　者　経営学史学会
発行者　前野眞太郎
〒162-0041　東京都新宿区早稲田鶴巻町五三三
発行所　株式会社　文　眞　堂
電　話　〇三―三二〇二―八四八〇番
FAX　〇三―三二〇三―二六三八番
振　替　〇〇一二〇―二―九六四三七番
組版　オービット
印刷　平河工業社
製本　広瀬製本所

URL.http://www.bunshin-do.co.jp
落丁・乱丁本はおとりかえいたします

定価はカバー裏に表示してあります
ISBN4-8309-4420-X　C3034

日本の経営学を築いた人びと　第三輯

本体２８００円

●主要目次

アメリカ経営学の潮流 第四輯

本体2800円

●主要目次

経営学研究のフロンティア　第五輯

本体3000円

●主要目次

経営学百年——鳥瞰と未来展望——　第七輯

本体3000円

●主要目次

組織・管理研究の百年　第八輯

●主要目次

本体3000円